目　　次

第1章　航の事例

第1節　航の事例に入る前に

　ある3歳の子どもについての、次のような事例がある。香川大学教育学部付属幼稚園「第49回研究発表大会研究紀要」に載せられている事例である。

　「入園してからずっと私のそばから離れられないちか。登園し、身の回りの片づけをすませるとすぐに私の背中におぶわれに来る。そして赤組の子どもたちがみんな登園し終わるのをじっと待っている。みんなが登園し終わると、私が遊び始めるのを知っているのだ。入園して2ヶ月、ちかは私がかかわっている遊びに自分もかかわって過ごすという毎日を送っていた。

　H13.6.4。6月に入ってもちかのこの様子には変わりがなかった。しかし、少しずつちかが変わって来ていると私は感じていた。お弁当を食べた後の遊びの時間。まだ食べている友だちの世話や机の片づけをしている私を待ちきれず一人で園庭へと向かう姿があったからだ。決して毎日ではない。しかし、一人で園庭へ向かう日が少しずつ増えていた。

　ちかは決まって私に泥団子を見せにやって来る。毎回よく似た大きさの泥団子。だが、日々、泥団子の光り方に磨きがかかっている。『泥団子作りがちかを大きくしてくれるかもしれない』そう思って、片づけを早々にすませ、『ちかちゃん、先生にお団子の作り方を教えて』と声をかけた。（中略）

　H13.6月下旬。ちかは、自分の泥団子を作るという「こと」にのめり込んではいるものの、決して自分の世界に閉じこもっているわけではない。自分の泥団子を作りながら、友だちの泥団子が気になる。そして、友だちと途中ででき具合を見せ合ったり、固さを確かめ合ったり。また、でき上がると必ず『ほら』と近くにいる子に見せる。『すごい』

と言ってもらえるとさらにうれしい。

　H13.7.10。午前9時。2・3人の子どもを残しほとんどの子が登園した。一日のスタートである。靴箱の方から『今日も、泥団子を作る』というちかの声が聞こえてきた。てっきり私に話しかけているのだと思い振り向いてみた。しかし、私に言っているのではなかった。ゆたかに言っていたのだ。赤組（年中組）の中でも泥団子づくりの名人と一目置かれているゆたか。（中略）その後、2人は1つの水たまりのところにしゃがみ込み、指先で粘土を取っていた。」[1]

　入園してしばらくの間、ちかは、登園し、身の回りの片づけをすませると、すぐ保育者の背中に負んぶされにくる。また、保育者の背中からおりても、保育者から離れず、保育者のそばで遊ぶ。保育者は、ちかは幼稚園の新しい環境に不安を感じ、安心するために保育者におんぶされようとする、また保育者のそばで遊ぼうとすると理解し、ちかのそのことを大切にしようとする。支えようとする。ちかは、保育者の背中に負んぶされることによって、また保育者のそばにいることによって、安心する。安心することによって、心が開き、保育者や友達のする遊びをみるようになる。そしてさらに、その遊びを「自分もしたい」と思うようになる。

　ちかは、「自分もしたい」とやってみて、「この遊びは楽しい」「この遊びはそれほどでもない」と感じる。そこで、その楽しかった遊びを「もっとしたい」と思うようになる。ちかにとって、そのもっとしたい遊びは、泥団子作りであった。ちかは、保育者のそばで、友達と一緒に、泥団子作りをするようになる。

　しかし、ちかは、6月に入ると——これまでは保育者のそばで泥団子作りをしていたのだが——お弁当を食べたあと、片づけをしている保育者を待ちきれずに、園庭に出、そこで1人泥団子作りをするようになる。

　ちかは、これまでは保育者のそばで泥団子作りをしていた。保育者のそばにいることによって、安心感を深め、その深い安心感から、自分の

したい泥団子作りに挑戦するようになってきたのだ。あるいは、別の言い方をすれば、これまで保育者のそばで泥団子作りをしてきたことにより、安心できる世界を、「保育者のそば」から「泥団子を作ること」にまで広げてきた。そこで、ちかは、泥団子を作ること、そのことに安心感を感じるようになってきたのだ。

　保育者から離れ1人園庭で泥団子作りをするようになったちかは、ほぼ毎日泥団子作りをするようになる。「毎回よく似た大きさの泥団子」を作るが、「日々、泥団子の光り方に磨きがかかっている」。つまり、泥団子を上手に作ることできるようになる。ちかは、「自分は、泥団子を上手に作ることができるようになった（自分になった）」と認識する。そうした時、保育者がちかに泥団子の作り方を教えてと頼む。ちかは、自分で泥団子を上手に作ってみせ、保育者にその作り方を教える。ちかは、「自分は、先生に教えることができるほど、上手に泥団子を作ることができるようになった（自分になった）」と自分を認識する。また、ちかは、上手に作りあげると、「必ず『ほら』と近くの子どもに見せる」。周りの子どもが「すごい」と認めてくれることにより、ちかは、「自分は、周りの子どもによって泥団子を上手に作ることができると認められる自分である」と自分を認識する。

　こうした中、ちかは、自分のクラスのゆたかという子どもが、「泥団子作りの名人」として「一目置かれている」ということ、また実際に泥団子を上手に作ることのできる子どもであることを知る。ちかは、「自分は泥団子を上手に作ることができるようになった」と認識している。さらに、「自分は先生に教えることができるほど、上手に泥団子を作ることができるようになった（自分になった）」「自分は、周りの子どもによって泥団子を上手に作ることができると認められる自分である」と認識するようになっている。それゆえ、ちかにとって、ゆたかは、憧れの存在である。ちかは、「自分も、ゆたかと同じように、泥団子を上手に作ることができるにようになりたい（自分なりたい）」と思う。そこで、ちかは、ゆたかが泥団子を作ろうとするそのそばに行って、ゆたかと一

緒に泥団子を作ろうとする。

　こうしたちかの姿に、子どもが——保育者の支援を得て——ある遊び
をしたいと思うようになること、そしてその遊びで遊ぶようになるこ
と、また、その遊びを通して、ある子どもと一緒に遊びたいと思うよう
になること、そしてその子どもと一緒に遊ぶようになることの1つの姿
を見ることができる。

　そして、ちかがゆたかと一緒に泥団子を作ろうとする時、もしゆたか
が、ちかを、一緒に遊ぶ友だちとして受け入れることをしたり、共に感
じることをしたり、あるいは認めることをするならば、どうであろうか。

　もし、ゆたかが、ちかを一緒に遊ぶ友だちとして受け入れることをす
るならば、ちかは、「自分は、ゆたかによって、一緒に遊ぶ友だちとし
て受け入れられる（自分である）」と認識するだろう。ちかが自分をこ
のように認識する時、嬉しさを感じる。

　また、ちかはこの時、ゆたかを「自分を一緒に遊ぶ友だちとして受け
入れてくれる子ども」と認識するだろう。人は、誰でも、相手が自分を
一緒に遊ぶ友だちとして受け入れてくれるならば、その相手を好きにな
る。ちかも例外ではない。ちかは、ゆたかを好きになる。ちかは、ゆた
かを好きになることによって、今度は、自分の方から、ゆたかを一緒に
遊ぶ友だちとして受け入れようとするようになる。つまり、ゆたかがち
かを一緒に遊ぶ友だちとして受け入れるということにより、今度はちか
がゆたかを一緒に遊ぶ友だちとして受け入れるようになる。ちかとゆた
かは、互いに相手を「一緒に遊ぶ友だちとして受け入れる」という関係
になる。

　また、もしゆたかが、ちかと共に感じ、また感じ合うということをす
るならば、ちかは、「自分は、ゆたかと同じ感触、感情を共に感じる、
また同じ感触、感情を感じ合う（自分である）」と自己認識するだろう。

　ちかとゆたかは、共に、泥団子を（上手に）作ろうとする。ちかとゆ
たかが泥団子を（上手に）作ろうとする時、土や砂がひんやりとしてお

り、そのひんやりさが心地よいと感じる。また、大きく固い泥団子を作りあげた時、「作りあげた！」という喜びを感じる。

そこで、ちかが、土や砂ががひんやりとして心地良いと感じ、それが表情や「うわ、ひんやりして、気持ちいい」という言葉に表われる時、また、大きく固い泥団子を作り上げた喜びを感じ、それが表情や言葉に表われる時、ゆたかは――ゆたかも、泥団子を作り上げる時、土や砂のひんやりとした感触とその心地よさを感じているので、また、大きな固い泥団子を作り上げた喜びを感じているので――それらをもう一度感じる。そして、ゆたかがもう一度感じた心地よさ、嬉しさが、ゆたかの表情や言葉に表れる時、ちかは、心地よさ、嬉しさをもう一度感じる。

泥団子を（上手に）作ろうとする時、ちかとゆたかは、同じ感触、感情を共に感じ、また、ちかが感じた感触・感情が表情や言葉に表れる→ゆたかが、それらと同じ感触、感情をもう一度感じ、表情や言葉に表れる→ちかがそれらと同じ感触、感情をもう一度感じる……という仕方で、感じ合っていく。

この時、ちかは、「自分は、ゆたかと同じ感触、感情を共に感じている（共有している）、またゆたかと同じ感触、感情を感じ合っている（自分である）」と認識する。人は、誰でも、相手と「同じ感触、感情を共に感じている、また感じ合っている」と認識する時、嬉しさを感じる。ちかも、自分をこのように認識する時、嬉しさを感じる。

また、この時ちかは、ゆたかを「同じ感触、感情を自分と共に感じている、また感じ合っている（子どもである）」と認識する。人は誰でも、相手が同じ感触、感情を感じている、また感じ合っている（人である）」と認識する時、相手を好きになる。ちかも例外ではない。ちかはゆたかを好きになる。

さらに、ゆたかが――ちかが泥団子を（上手に）作ることができるようになり、「自分は、泥団子を（上手に）作ることができるようになった（自分になった）」と自己認識する、その（ちかの）自己認識を認めることをするならば、ちかは、「自分は、ゆたかによって、泥団子を

（上手に）作ることができるようになったことを認められた（自分になった）」と認識するだろう。ちかが自分をこのように認識する時、嬉しさを感じる。

　そして、ちかはこの時、ゆたかを、「自分が泥団子を（上手に）作ることができるようになった（自分になった）」ことを認めてくれる子ども」と認識するだろう。人は誰でも、相手が自分の〜できるようになったことを認めるならば、その人を好きになる。ちかも同じであろう。ちかは、ゆたかを好きになる。ちかは、ゆたかを好きになることによって、今度は、自分の方からゆたかを認めようとするようになる。ちかとゆたかは、互いに相手「認める」という関係になる。

　以上、子どもＡが、子どもＢの〜している（〜できるようになろうとする）のを見る。それを見て、自分も〜したい（〜できるようになりたい）と思う。そこで、子どもＡは、子どもＢの側に行き、子どもＢと一緒に〜しようとする（〜できるようになろうとする）。

　この時、子どもＢが「一緒に遊ぶ友だちとして受け入れる」、「共に感じ、感じ合う」、「認める」ことをするならば、子どもＡは、「自分は、子どもＢによって、受け入れられる（自分である）」、「子どもＢと共に感じ、感じ合う（自分である）」、「子どもＢによって認められる（自分である）」と自己認識し、嬉しさを感じる。

　そして、子どもＡは、子どもＢを好きになる。好きになることによって、子どもＡ、子どもＢが互いに相手を「受け入れる」、「認める」という関係になる。

　こうしたことを述べた。

　しかし、子どもＡが、子どもＢが（の）〜しているのを見る。それを見て、自分も〜したいと思う。そこで、子どもＡは、子どもＢの側に行き、子どもＢと一緒に〜しようとする。その時、子どもＡ、子どもＢが、次のような場面に入ってしまう場合がある。

　その場面は、大きく３つに分けられる

　そして、子どもＡ、子どもＢがこれらの場面に入ってしまう時、Ａ、Ｂは、上のように互いに相手を「受け入れる」「認める」という関係になるのではなく――それとは全く異なる――子どもＡと子どもＢが、対立し、取り合う、という関係になる。

（１）子どもＡ、子どもＢがその思いを実現しようとするのに必要な材料、用具、場所などが十分でない、不足するという場面。

　例えば、子どもＢが、園庭で、泥状の砂を丸め、その上に白くて乾燥した砂（さら砂）を振りかけ、大きく固い泥団子を作っていた。子どもＡは、それを見て、自分も泥団子を作ることができるようになりたいと思った。子どもＡは子どもＢの側に行き、そこにある泥状の砂を取り丸めようとした。この時子どもＢは、子どもＡが一緒に団子を作ろうとすることを快く受け入れてくれた。子どもＡは、「自分は子どもＢによって受け入れられる（自分である）」と認識し、嬉しさを感じる。

　そして子どもＡは、子どもＢの作り方をまねしながら、泥状の砂を丸めることができた。子どもＡは丸めることができ嬉しかったので、それを子どもＢに「ほら」と見せた。その時子どもＢは、「丸めることができたね」と認めてくれた。子どもＡは「自分は子どもＢによって認められる（自分である）」と認識し、嬉しさを感じた。

　泥状の砂を丸めたので、子どもＡは、次に、子どもＢがしているように、すぐ近くにあったさら砂を手に取って団子の上にふりかけようとした。しかし、さら砂はほんの少ししかなかった。子どもＡと子どもＢは、自分がそれとは知らぬ間に、泥団子を作り上げるために必要なさら砂が十分でない、不足する、という場面に入ってしまったのである。子どもＡは、泥団子を作り上げようとしてさら砂を取ろうとした。しかし、子どもＢも、泥団子を作り上げようとしてさら砂を取ろうとする。子どもＡ、子どもＢは、自分の泥団子を作り上げようとして、さら砂を取り合うことになる。

　子どもが、友だちと一緒に遊ぼうとする。その時、それぞれが自分の

思いを実現するために必要な材料、用具、道具、場所などが十分ではない、不足するということは——この事例にも見ることができるように——それこそひんぱんにある。そうでない場合の方が、むしろ、少ないのではないだろうか。それゆえ、子どもが友達と一緒に遊ぼうとする時、子どもがそれとは知らぬ間にこうした場面に入ってしまい、材料等を取り合うということは、避けることができない。

（2）子ども A、子ども B が、ごっこ遊びをしようとする。そのさい、ある役割を取りたいと思う。しかし、その役割が十分でない、不足するという場面。

　例えば、子ども B が電車ごっこをしようとする。子ども A が、それを見て、自分も電車ごっこをしたいと思う。

　この時期の子どもにとって、電車の運転手は、憧れの存在である。そこで、電車ごっこをしようとする子どもの多くは、乗客の役割ではなく、運転手の役割を取ろうとする。子ども A も運転手の役割を取ろうとする。子ども B も運転手の役割を取ろうとする。だが、実際に電車ごっこをするさい、もし運転手の役割を取りたい子どもすべてが運転手の役割を取るならば——運転手の役割を取った子どもは電車を自分の思う方向に運転していこうとするので——電車はあっちに行ったりこっちに行ったりとし、電車ごっこ自体を楽しめなくなってしまう。それゆえ、運転手の役割は 1 人に絞らなくてはならなくなる。つまり、この場面は、役割を取りたい子どもに比べて、役割の数が足りない、不足するという場面である。

　子ども A、子ども B は、電車ごっこをしようとする。そして自分の取りたい運転手の役割を取ろうとする。しかし、そのさい「役割が不足する、十分でない」という場面に入ってしまい、運転手の役割を取り合うことになる。

　これは電車ごっこの場合であるが、お母さんごっこの場合においても、同じことが言える。お母さんごっこにおいて、子どもの多くは、憧れの存在であるお母さんの役割を取ろうとする。しかし、実際の家庭で

はお母さんは1人しかいない。それゆえ、お母さんの役割は1人しか取ることができない。

　このように、多くのごっこ遊びにおいて、その役割を取ろうとする子どもに比べその役割が足りない、不足するということは、避けることができない。それゆえ、子どもが友達と一緒にごっこ遊びをしようとする時、それとは知らぬ間にこうした場面に入ってしまう。入ってしまうことによって、子どもA、Bが役割を取り合うことは、避けることができない。

（3）子どもA、子どもBが、「自分は1番〜できるようになりたい（自分になりたい）」と思う。しかし、「1番〜できるようになること（1番〜できる自分であること）」が、十分でない、不足するという場面

　子どもは、「自分は、〜できる自分である」という自己認識をもっている。そこで、子どもBの〜できるようになろうとすることを見ると、自分も「〜できるようになりたい」と思う。そこで、子どもBの側にいき、子どもBと一緒に〜できるようになろうとする。

　そして、〜することができると、「自分は、子どもBと同じように、〜できるようになった（自分になった）」と認識し、喜ぶ。そこで、子どもは、次に、「自分は、子どもBに比べてより〜できるようになりたい（自分になりたい）」と思い、それを実現しようとする。そして、それを実現することができると、「自分は、子どもBに比べより〜できるようになった（自分になった）」と認識し、喜ぶ。

　このようになると、子どもAは、子どもBが、例えば、「自分は、1番早く登園することができるようになりたい（自分になりたい）」と思い、1番早く登園しようとする、その姿を見て、「自分も1番早く登園することができるようになりたい（自分になりたい）」と思い——子どもBが1番早く登園しようとすることを競争して——1番早く登園しようとする。そして、1番早く登園することができると、「自分は、1番早く登園することができるようなった（自分になった）」と認識し、喜ぶ。

　こうした場面において、「○○に比べて1番早く登園することできる（できる自分になること）」は、1人のみに許されている。言い換えると、この場面は、「1番早く登園することができるようになりたい（できる自分になること）」と思う子どもに対して、「1番早く登園することができること」「できる自分になること」が十分でない、不足する、という場面である。それゆえ、子どもAが「自分は1番早く登園ことができるようになりたい」と思いそれを実現しようとする時、その時子どもBも、「自分は1番早く登園することができるようになりたい」と思いそれを実現しようとするので、「1番早く登園することできること」「1番早く登園することができる自分になること」を取り合うということになる。

　このように、子どもAが、子どもBの〜しているのを見る。そして自分も〜したいと思い、子どもBと一緒に〜しようとする。そして、「材料が不足する」「役割が不足する」「1番〜できるようになること（できる自分であること）」が不足する」という場面に入ってしまう場合には──子どもA、Bがこうした場面に入ることは避けることができない──。子どもAが自分の思いを実現し、互いに相手を「受け入れる」「認める」という関係に入っていくのではなく──それぞれ自分の思いを実現しようとして、材料、役割、1番できること（自分であること）を取り合う、ということになる。

　そして、子どもが一緒に遊ぼうとして、材料などが不足するという場面に入ってしまい、材料等を取り合う時、子どもの中には、相手の子どもが取ろうとすることに対して怖さを感じる。そして、怖さを感じるゆえに、相手の子どもが取ろうとしてくることに対して立ち向かい、自分の方から取っていこうとすることをしない、むしろ、取り合う場面から抜け出してしまうという子どもがいる。

　もちろん、子どもが、相手の子どもが取ろうとすることに対して、怖さを感じるかどうかは、その子どもと相手の子どもがどのような関係にあるのかによって左右される。相手の子どもが自分よりより強いと見え

る場合、怖さを感じるだろう。また、相手の子どもが必ずしも強くなくとも、相手の子どもが激しく取ろうとしてくる時には、やはり、怖さを感じるだろう。あるいは、相手の子どもの力が自分と同じであるということをこれまでの経験を通して知らない、その子どもと遊ぶのが初めてであるという場合も、怖さを感じるだろう。

　ただ、上のいずれの場合であるにせよ、子どもが友達と一緒に遊ぼうとする、「材料などが不足する」という場面に入ってしまい、自分の思いを実現しようとして取り合う、その時、相手の子どもの取ろうとすることに対して怖さを感じるという子どもは、多いのではないだろうか。そして、相手の子どもの取ろうとすることに対して怖さを感じるだけでなく、怖さを感じるため、相手の子どもの取ろうとすることに対して、立ち向かい、逆に自分の方から取ろうとしていくことができない、取り合うことから抜け出してしまうという子どもも多いのではないだろうか。

　そして、こういう子どもの1人として、『三才から六才へ』という本の中に登場する蔭山航君という子どもを上げることができる。

第2節　航の事例

　蔭山航君は、5月から、家がすぐ近くで同年齢の敦子ちゃん、潤ちゃん、昌和ちゃんという子どもと一緒に遊ぼうとしはじめる。自分の家で、あるいはお母さんに連れて行ってもらって相手の家で、一緒に遊ぼうとする。

　航ちゃんが、家で一緒に遊ぼうとするとき、もちろん、自分の思いを実現し、互いに相手を「受け入れる」「認める」という関係に入っていくという場合も多い。しかし——次の事例に見ることができるように——いつの間にか「材料、役割などが不足する」場面に入ってしまい、材料、役割などを取り合う、ということになる。

　「航ちゃんの家に、潤ちゃんと敦子ちゃんが遊びに来た。2人は今、航ちゃんのいちばん大事にしている電池で動くロボットで遊んでいる。

（中略）。2人がロボットに飽きてきたころ、敦子ちゃんは、さっさと庭におりて、ブランコに乗ろうとする。潤ちゃんが庭におりそこねてモタモタしているすきに、今度は、航ちゃんが、負けてはならずという勢いでいそいでつっかけをはき、敦子ちゃんにつづいて庭に降りると2人でブランコの席を確保した。潤ちゃんがまだズックをはくのに手間どっているとき、敦子ちゃんが、『ジュンチャン、ここ！』と声をかけた。庭においてある小さな2人乗りブランコの、席と席との間の立ち席の空間のことである。すかさず航ちゃんが『あいてなイ！』と叫ぶ。それでも、潤ちゃんは、敦子が『あいてるよ』といってくれたのだから、いそいでブランコにかけ寄り、運転手よろしく『もっとキチューク！』ギーギーギー、とブランコを調子よくこぎはじめた。潤ちゃんにあいてなイ！――つまり来るナ！といったばかりの航ちゃんは、もうソワソワと落ち着かない表情になってきている。――敦子ちゃんとだけ遊びたかったのか、潤ちゃんがこぎだすと、途端に〈こぎ役割〉を奪われたような気持になったのか、とにかくさほどから遊びの中心にいられないことにいらだっている航ちゃんは、かといって、潤ちゃんにけんかをいどむほどの気力はないらしく、気のすすまなくなった遊びからまたまた逃げだすつもりらしい。『おりる！』といって、空いている反対側からではなく、こいでいる潤ちゃんの方からブランコを降りようとする。」(2)

　航ちゃんは、最初、電池を使ったロボットで、潤ちゃん、敦子ちゃんと遊んでいる。しかし、ロボット遊びに飽きてきて、まず敦子ちゃんがブランコで遊ぼうとする。それを見て、航ちゃん、潤ちゃんもブランコで遊ぼうとする。

　ただ、この場面は――3人がそのことを知っているわけではないのだが――3人ともがブランコの席を取ろうとするのにブランコの席が2つしかない、つまり、ブランコの席が不足するという場面である。また、ブランコをこぐ役割を潤ちゃんが、そして航ちゃんも取ろうとする、それに対してブランコをこぐ役割割は1人しか取れない、というブランコ

をこぐ役割が不足するという場面である。

　最初にブランコで遊ぼうとした敦子ちゃんが、２つあるブランコの席の１つを取る。そこで、潤ちゃん、航ちゃんは、空いているもう１つの席を取ろうとする。潤ちゃんがモタモタしているすきに、航ちゃんの方がその席を取ってしまう。

　しかし、席は空いていないのに、敦子ちゃんが『潤ちゃん、ここ』と声をかけてくれたので——それに対して航ちゃんがすかさず「空いてない」といったのだが——潤ちゃんは駆け寄り、取ろうとする。

　潤ちゃんと航ちゃんの席の取り合いになるのかと思われたのだが、なんと潤ちゃんは、ブランコをこぐ役割を取る。そしてギーギーとブランコを調子よくこぎ始める。ブランコをこぐ役割というのは、ブランコに乗る人を揺らし楽しませる、いはばブランコ遊びの中心的な役割である。潤ちゃんがその役割を取ったの見て、航ちゃんも取ろうとする。

　だが、航ちゃんがブランコをこぐ役割を取ろうすると、潤ちゃんもそれに対抗して取ろうとすね。その潤ちゃんの取ろうとすることに対して、航ちゃんは怖さを感じる。怖さを感じるゆえに、潤ちゃんが取ろうとすること、そのことに立ち向かい、逆に取ろうとすることをしない。あるいは、怖さを感じるゆえに、潤ちゃんが取ろうとすること、そのことに立ち向かい、逆に取ろうとするという気持ちが湧いてこない。ブランコをこぐ役割割を取り合うという場面から抜け出そうとする。潤ちゃんに「おりる」といい、ブランコを降りようとする。

　航ちゃんは、５月から、敦子ちゃん、潤ちゃんらと一緒に遊ぼうとしはじめた。「６月から７月にかけて」、「しょっちゅうお互いの家を行き来しながら」[3] 一緒に遊ぼうとする。一緒に遊ぼうとする中で、このように、「材料、役割などが不足する」という場面に入ってしまい、友だちと取り合う、友だちが取ろうとしてくることに対して怖いと感じ、取り合う場面（一緒に遊ぶ場面）から抜け出してしまう。このことを繰り返す。

　しかし、航ちゃんが、一緒に遊ぼうとする……一緒に遊ぶ場面から抜け出してしまう、ということは、こうした場面だけではなく、次の場面においても見ることができる。

　「真夏になった。(中略)。昌和ちゃんと敦子ちゃんは、パンツ1枚になって、ビニール・プールに入り、キャーキャー水のかけっこをして遊びだした。そのそばで、航ちゃんはつっかけをはいたまま、足を少し内股にそろえて立ち、プールに入ろうとしない。『ワタルちゃん、はいりーなちゃいよ！』敦子ちゃんが水しぶきをたてながら呼ぶ。『はいりー、ワタルちゃん。ぬいだらいいやん。キヤーツ、かけたれ、エーイ！』敦子ちゃんは呼んでも呼んでもプールに入ろうとしない航ちゃんめがけて、水しぶきをかけつづける。昌和ちゃんも尻馬にのって、両手で航ちゃんめがけて水をかけ、そうこうしているうちに2人とも顔中ビショビショになってしまって笑いころげている。航ちゃんはビックリしたような大きな目をして、2人をみつめたまま、ドロンコになった足を気にしてプールに入るどころのさわぎではない。敦子ちゃんのおかあさんが気がついて、足を拭いてくれたけれど、その後からすぐまた敦子ちゃんが身体を乗り出してきてジョーロでチャーと航ちゃんの足の上に水をかけるものだから、航ちゃんはどうにもならない。つっ立っている場所から離れるかどうかすればよさそうなのに、釘づけになったみたいにそこを動かない。」[4]

　航ちゃんは、敦子ちゃんや昌和ちゃんとビニール・プールで遊ぼうとしている。しかし、航ちゃんは、プールに入ろうとしない。敦子ちゃんが「入りー、航ちゃん」と呼ぶ。しかし、入ろうとしない。そこで、敦子ちゃんは、航ちゃんをプールに入れようとして、航ちゃんめがけて水しぶきをかける。一緒に遊んでいる昌和ちゃんも、尻馬にのって両手で水をかける。
　この3才ぐらいの子どもの多くは、水しぶきをかけられる時、また水

をかけられる時、快、喜びを感じる。だが、航ちゃんにとっては、快、喜びを感じるどころではない。耐えることのできないほど嫌なのである。そのため身動きすることすらできなくなっている。そのことに気づいた敦子ちゃんのお母さんが航ちゃんの足を拭いてくれる。だが、そのあとすぐ敦子ちゃんがジョーロでチャーと水をかける。そのため、また身動きがとれなくなってしまう。しかし、航ちゃんは——身動きできないのだが——その内面では「水をかけられるのはいや」と強く感じている。それゆえ少し身動きできるようになると、この敦子ちゃんから水かけられる場面（一緒に遊ぶ場面）から離れ、抜け出していこうとする。

　そして、航ちゃんのこうした、一緒に遊ぼうとする……一緒に遊ぶ場面から抜け出してしまう、ということは、さらに、次のような場面においても見ることができる。

「昌和ちゃんと敦子ちゃんが、航ちゃんの家に遊びにきた。航ちゃんと敦子ちゃんは足を投げ出して坐り、おとなしく絵本をみている。昌和ちゃんは、しばらく絵本をのぞきこんでいたけれど、（中略）そのうち、とうとう絵本を見ている航ちゃんを相手にとっくみ合いをいどみ始めた。

　航ちゃんは、へびに見込まれた蛙みたいにじっとしている。それでもあきずにくらいついてくる昌和ちゃんの強引な動きに、航ちゃんは、ほとんど泣き出しそうな真剣な顔つきで、昌和ちゃんをはらいのけようとする。航ちゃんが必死にはらいのけようとすればするほど、それを、お相手するサインだと受けとった昌和ちゃんは、グッと身体をのり出して、航ちゃんを組み伏せにかかる。もがきながら、やっと昌和ちゃんの手からすり抜けた航ちゃんは、恐れをなして、壁の方へ逃げていった。（中略）

　昌和ちゃんは、ニコニコ笑いながら、ヒョッコ、ヒョッコと一歩ずつ、航ちゃんを壁ぎわに追いつめる。航ちゃんはまたやっとの思いで、すりぬける。昌和ちゃんは、『アハハハハ』と笑いながら、余裕シャクシャク、ピストルをひろってうつ真似をしてみたり、ひとりずもうの格好をしたりしながら、航ちゃんに近づいていく。その時、航ちゃんの顔

に、チラッといたずらっぽい笑いが浮かんだ。昌和ちゃんの近づいてく
る格好が、いかにもおかしかったのであろう——真剣な顔つきで逃げま
わってばかりいた航ちゃんの身体を、一瞬突き抜けた、楽しさの光であ
る。だが、昌和ちゃんにつかまえられそうになるや、その笑いはあとかた
もなく消えてしまった。航ちゃんは、昌和ちゃんに追いかけられて、
とうとう、奥の部屋にいたおかあさんの所へ逃げて行ってしまった。

　航ちゃんは、この一瞬の笑い以外、終始追いつめられたような困った
表情で逃げまわっていた。昌和ちゃんは、いつもいとこの兄さんとそう
やって遊んでいるから、これこそ〈あそび〉の醍醐味と心得ているのか
もしれないが、お姉さんと大げんかでもしない限り、こんなことをして
遊んだ経験のない航ちゃんは、とてもじゃないけど、遊びの気分になん
かなれない。おかあさんのところへ逃げかくれていった航ちゃんは、遊
びたい気持ちと、もうやんべ（ヤーメター）にしたい気持との板ばさみ
にあった。」(5)

　ここでは、航ちゃんは、敦子ちゃん、昌和ちゃんと遊ぼうとしてい
る。最初は絵本を見ているのだが、そのうち、昌和ちゃんが、航ちゃん
を相手にとっくみ合いを始める。この時期の子どもの多くは、相手が自
分を捕まえようとする、また組み伏せようとする。その、捕まえようと
されること、組み伏せようとされることには、快、楽しさを感じる。だ
が、航ちゃんは、快、楽しさを感じない。むしろ、怖さを感じてしま
う。怖さを感じるので、「へびに見込まれた蛙みたい」に身動きできな
くなる。そして、「ほとんど泣き出しそうな顔つきで、昌和ちゃんをは
らいのけようとする」しかし、昌和ちゃんは、それをむしろ「お相手を
するサインだと受け取り」、グッと身体をのり出し航ちゃんを組み伏せ
にかかる。航ちゃんは、もがきながら、やっとの思いで、この昌和ちゃ
んが組み伏せようとしてくる場面（一緒に遊ぶ場面）から抜け出し、奥
の部屋にいたお母さんの所へ逃げていく。

　さて、以上、航ちゃんは、6月から7月にかけて、敦子ちゃん、潤ちゃん、昌和ちゃんと一緒に遊ぼうとする、その中で、潤ちゃんとブランコをこぐ役割を取り合う、潤ちゃんが取ろうとしてくることに怖さを感じる。ブランコをこぐ役割を取り合う場面（一緒に遊ぶ場面）から抜け出してしまう。しかし、それだけではない。敦子ちゃんから水をかけられる、水をかけられることはいやと感じる。敦子ちゃんから水をかけられる場面（一緒に遊ぶ場面）から抜け出してしまう。さらに、昌和ちゃんから捕まえられ、組み伏せられようとすることに恐さを感じる→昌和ちゃんが捕まえ組み伏せようとする場面（一緒に遊ぶ場面）から抜け出してしまう。こうしたことをすると述べた。

　では、航ちゃんは、この怖い（いや）と感じた、その後すぐには、どのようになるのだろうか。

　敦子ちゃんと一緒に遊ぼうとして、敦子ちゃんに水をかけられ、水をかけられることをいやと感じた航ちゃんは、その翌日、次のようになる。

　航ちゃんは、「外へ出ようともせずつくろいものをしているおかあさんに、まとわりついている。『航ちゃん、あっちゃんとこへ遊びに行こー』とおかあさんがさそいをかけても『イャーン』といったまま、おかあさんにすり寄っていく。（中略）『敦子ちゃんとこ、いろんなおもちゃ、あるよ。敦子ちゃん、またあそびにきてね、航ちゃんきてね、っていってたのに』『……』『航ちゃん、どうしておそとへいかないの？』『しんどいの……』と、ことはすべて暑さのせいにして、航ちゃんは所在なさそうに、ゴロンと畳の上に寝ころぶ。

　『航ちゃん、あっちゃんとこいこうね』『イヤーヨ、ヤーヨ、ヤーヨ』思い通りになる自分の家でなら遊ぶけれど、外へ出て行くのはもう、ごめんだというわけだろう。お姉ちゃんもいないガランとした部屋に、ひとりで寝ころんで、そばの積み木をひとつひとつ摘まみあげては、また、つまらなさそうに、ポトン、ポトンと畳の上に落としている。」(6)

　航ちゃんは、家で1人、つくろいものをしているお母さんにまとわりついている。そんな航ちゃんの様子を見て、お母さんは、敦子ちゃんの所に行き、敦子ちゃんと一緒に遊ぼうと誘う。

　航ちゃんは、この前日、敦子ちゃんと遊ぼうとした。しかし、敦子ちゃんから水をかけられ「いや！」と感じた。そこで、敦子ちゃんの所に行き敦子ちゃんと遊ぼうとするならば、敦子ちゃんから再び水をかけられるかもしれない、再び水をかけられ再び「いや」と感じなければならないかもしれないと思う。だが、そういういやな思いは2度としたくない。そこで、敦子ちゃんの家に行き、敦子ちゃんと一緒に遊びたくない、と思うのである。

　それゆえ、家で1人遊ぼうとする。しかし、1人遊ぼうとすると、何かこれをしたいという遊びは見つからない。「寝転んでそばの積み木をひとつひとつ摘まみあげては、つまらなそうに、ポトン、ポトンと畳の上に落とす」ということをする。これは、つまらない遊びである。しかし、敦子ちゃんの家に行って敦子ちゃんと一緒に遊び、そこで再びいやな思いをするよりは、このように家で1人遊ぶ方がよい。航ちゃんは、こう思っている。

　一方、お母さんの方は、航ちゃんの友だちと遊ぼうとしなくなった姿をみて、航ちゃんは、このままでは、友だちと一緒に遊ぼうとしなくなってしまうのではないか、その結果、友だちと一緒に遊ぶことができなくなってしまうのではないか、と心配になる。そこで、この翌日、航ちゃんを昌和ちゃんの家に連れて行く。

　「おかあさんは、少し心配になって、あくる日、おつかいの帰りに昌和ちゃんの家に、航ちゃんを連れていった。昌和ちゃんの家では、すでに潤ちゃんがあがりこんでいて、昌和ちゃんのお姉さんも加わってみんなで絵をかいている。

　航ちゃんは、なかなか家の中へ上がれずに玄関にしゃがみこんでいた

が、得意の絵をみんなのところでかきたい気持もてつだって、そのうちやっとこさ、家の中へ上がっていった。とはいえ、画用紙とエンピツをかりる前に、チラッと玄関にいるおかあさんを確かめた。それからやっと、絵をかき出したけれど、少しも落ちつかないようすでまた立ち上がってはウロウロしている。母親がいると余計甘えるのだろうと、おかあさんは頃合を見計らって「そしたら航ちゃん、ここで遊んでなさい」と声をかけて帰りかけた。『イヤーン』『おかあちゃんちょっと帰ってくるからね』『イヤーン、オカァチャンイテナイト、アチョバナイノ』。航ちゃんは、途端にアカチャンことばになって甘えている。おかあさんが玄関を出てしまうと、航ちゃんは、そそくさと靴をひっかけて、おかあさんの後を追って帰って行ってしまった。」[7]

　お母さんは、航ちゃんを昌和ちゃんの家に連れて行き、昌和ちゃん、潤ちゃんらと遊ばせようとする。だが、航ちゃんは、以前、潤ちゃんとブランコをこぐ役割を取り合い潤ちゃんの取ろうとすることに怖さを感じた。また、その後、敦子ちゃんと遊ぼうとし敦子ちゃんの水をかけてくることをいやと感じた。そのため、航ちゃんは、ここで潤ちゃん、昌和ちゃんと一緒に遊ぶと、再び怖い（いやな）思いをするのではないかと思う。それゆえ、再び怖い（いやな）思いをするかもしれない、潤ちゃん、昌和ちゃんと一緒に遊ぶことをしたくないと思う。そのため、航ちゃんは、「皆がいる家に上がれず、しゃがみこんでしまう」のである。
　しかし、昌和ちゃん、潤ちゃんは絵を描こうとしている。航ちゃんは絵は得意である。そこでその得意の絵を描きたいと思い、家の中に上がり、画用紙と鉛筆を借りて描き始める。
　しかし、航ちゃんは、得意の絵を昌和ちゃん、潤ちゃんと一緒に描くという時でも、潤ちゃん、敦子ちゃんと一緒に遊んで怖い（いやな）思いをしているので、ここで潤ちゃんらと絵を描くことをする時も、再び怖い（いやな）思いをするのでないか、不安になっている。そこで、航ちゃんは、お母さんがその不安な気持ちを受け入れてくれることを求め

る。また、自分が怖い（いやな）思いをすることになったとき、お母さんがそういう思いをしなくともすむようにしてくれることを求める。そして、航ちゃんは、お母さんがこれらのことをしてくれることによって、あるいはお母さんがこれらのことをしてくれるだろうと信頼することによって、怖い思い、いやな思いをするかもしれない、潤ちゃん、昌和ちゃんと一緒にお絵かきをすることをしようと思うようになっているのである。　そこで、航ちゃんは、「画用紙と鉛筆を借りる前に」「チラッ」とお母さんがそばにいてくれるのかどうか、確かめようとする。また、絵を描き始めた後も、お母さんがそばにいてくれるのかどうか、確かめようとする。このことが、航ちゃんの「絵を描きだしたけれども、少しも落ち着かない様子で、またたちあがってはウロウロする」という行動になっていると思われる。

　ところが、お母さんの方は——恐らく、航ちゃんの「絵を描きだしたけれども、少しも落ち着かない様子で、またたちあがってはウロウロする」という行動を見たからであろう——自分がそこにいると「よけい甘える」のではないかと思う。そこで、その場面から離れようとする。「航ちゃん、ここで遊んでいなさい」と声をかけ帰ろうとする。そうすると、航ちゃんの方は、お母さんがそばにいてくれることによって、怖い（いやな）思いをするかもしれない、友だちと一緒に絵を描くことをしようと思うようになっているのだから、お母さんがそばにいてくれなければ、友だちと絵を描くことをしようとは思わなくなる。航くんは、そのことを「オカァチャンイテナイトアチョバナイ」という言葉でお母さんに伝える。この言葉は、ごく簡単な言葉であるのだが、この時の航ちゃんの気持ちを端的に表した言葉であるように思われる。しかし、お母さんは、航ちゃんのその言葉を理解することはできない。玄関からでてしまう。航ちゃんは、お母さんがそばいてくれなければ友だちと絵を描くことをしようとは思わなくなるのだから、お母さんがその場から離れると、自分も友だちと一緒に絵を描くという場面から抜け出ていってしまう。

そして、航ちゃんは、さらに次のようになる。

「お客さんがくると、わざわざ匂いをかぎにいって『くさい！』とい
い、週末に勤め先から帰ってこられるおとうさんにも『くさい！』と
いってよりつかない。

航ちゃんは、おかあさんの実家へ遊びに行ったとき、（中略）おばあ
ちゃんが『航ちゃん、航ちゃん、ほれ』といって抱きかかえようとする
と、身体をねじって『イヤー』とおかあさんの方へ逃げながら、泣きべ
そをかく。『どうして、そんなにおばあちゃんがいやなの』とおかあさ
んに聞かれると、『きたないからー』という。『どこがきたないの、そん
なに』『テェ』と航ちゃんはすねたようにいう。おばあちゃんはきれい
な手をみせて『航ちゃん、見てごらん、きれいよ、手はきれいに洗つて
あるよ、ホラ』とみせても『きたないからイヤー』とおかあさんに甘え
てもたれかかる。2〜3日前、畠仕事から帰られたおばあちゃんの手に
泥がついていたのをさわってから、このさわぎである。（中略）。

お昼ごはんになって、おばあちゃんが作られたおいしそうな食事をみ
んなでいただくことになると、航ちゃんは『イヤーイヤ』とまたひっくり
返って泣きだす。よそのごはんは、きたないからいやだという。（中略）。

以前から〈きれいずきやさん〉ではあったけれど、外で遊ぶことが少
なくなってくると心の不健康がドッと表に出てきたような感じである。
野菜を見ただけでゲッと吐きそうにして偏食もひどくなる。新しいお料
理をおかあさんが作ると、ひとつひとつ匂いをかいでからでないと食べ
られない、といった具合である。」[8]

航ちゃんは、きたないこと、くさいことに極めて敏感になっている。
航ちゃんは以前からきれい好きやさんであり、きたないこと、くさいこ
とに敏感であったのだが、ここでは、それがひどくなり、おばあちゃん
の手を「きたないからいやー」と言い、おばあちゃんの作ったごはん
を、きたない、くさいと食べられなくなっている。お母さんの作る料理
も、それが新しい料理である場合は、においをかいでないと食べられな

くなっている。

　航ちゃんは、潤ちゃんが取ろうとしてくることに「こわい」と感じた。また敦子ちゃんが水をかけてくることに「いや」と感じた。それゆえ、友だちと一緒に遊ぼうとするとき、こわい（いやな）思いを再び感じるのではないかと思う。それゆえ、そういうこわい（いやな）思いを再び感じるかもしれない、友だちと一緒に遊ぶことはしたくないと思うようになっている。

　この、航ちゃんにおける、「友だちと一緒に遊びたい」しかし「一緒に遊ぶことはしたくない」という葛藤が、強いストレスとして働き、航ちゃんが以前からもっていたきたないこと、くさいことへの敏感性を高めているのではないかと思われる。

　さて、航ちゃんが友だちと一緒に遊ぼうとする、その中で怖い（いや）と感じたそのすぐ後にはどのようになるのか、考察した。

　これら3つの場合のいずれにおいても、航ちゃんが友だちと一緒に遊ぼうとする、相手が取ろうとする（水をかけようとする、捕まえようとする）、そのことを航ちゃんが怖い（いや）と感じる。そのことが心の傷となり、航ちゃんの中に、「（再び怖い（いや）な思いをすることになるかもしれない）友だちと一緒に遊ぶことをしたくない」という思いを生じさせているのである。航ちゃんは、5月、家がすぐ近くの潤ちゃん、敦子ちゃん、昌和ちゃんと遊び始めた。その時航ちゃんは、自分がこのように思うようになるとは夢にも思わなかったであろう。しかし、6月から7月にかけて、互いの家を行き来しながら遊ぼうとするようになる。その中で、相手が取ろうとすること（水をかけようとすること、捕まえようとすること）、そのことを怖い（いや）と感じる、そのことが心の傷となり、友達と一緒に遊びたくないと思うようになるのである。

　航ちゃんは、怖い（いや）と感じたすぐあと、このように思うようになっている。そのため、「外にでたがらなくなる」。たとえおかあさんが友達との遊び誘っても一緒に遊ぼうとはしない。「家にとじこもり」[9]、

家で1人遊ぼうとするようになる。

　怖いと感じたすぐそのあと、航ちゃんは、このように、家で1人遊ぼうとするようになる。だが、家で1人遊んでも、もう1つ楽しさを感じられない。航ちゃんは、これまで友だちと遊び、たとえわずかであっても友だちと一緒に遊ぶ楽しさ、充実感を味わってきている。それゆえ、家で1人で遊ぶと、もう1つ楽しさ、充実感を感じられないのである。航ちゃんは家で1人遊ぶことを続ける。が、その中で、「もう1つ楽しさを感じられない」「もう1つ充実感を感じられない」、このことを積み重ねる。このことを積み重ねの中で、再び、「友だちと一緒に遊びたい！」と強く思うようになっていく。

　このように思うようになると、航ちゃんは、次の8月、9月の記録に見ることができるように、友達と一緒に遊びたいという思いを叶えようとする。お母さんに言い、お母さんに連れていってもらって、友だちと一緒に遊ぼうとする。「8月8日　昌和ちゃんの所で遊ぶというので、おかあさんが連れて行く」[10]「9月10日　買い物の帰り道、秀夫ちゃんに会い、秀夫ちゃんの家で遊ぶというので、おかあさんは、喜んで航ちゃんを秀夫君の家へ連れて行く」。[11]

　航ちゃんは、このように8、9月ぐらいから、再び友だちと一緒に遊ぼうとするようになる。だが、再び友だちと一緒に遊ぼうとするようになったのに、いざ実際に友だちと遊ぼうとする段になると——次の記録に見ることができるように——一緒に遊ぶことをやめてしまう。一緒に遊ぶ場面から抜け出してしまう。「8月8日　昌和ちゃんの所で遊ぶというので、おかあさんが連れて行くが、途端に遊びたくないといって、帰ってしまう（傍点引用者）」。「9月10日 買い物の帰り道、秀夫ちゃんに会い、秀夫ちゃんの家で遊ぶというので、おかあさんは、喜んで航ちゃんを秀夫君の家へ連れて行く。と、——玄関で「あしたアチョブワ」といって帰ってしま（傍点引用者）」[12]う。

　航ちゃんは、友だちと一緒に遊ぼうとして、怖い（いや）と感じた。そのため、このいざ実際に友達と遊ぼうとするという段になって、実際

に友だちと遊ぼうとすると再び怖い（いやな）思いするのではという疑惑が頭をもたげてきて、その途端に、「一緒に遊びたくない」と思ってしまうのである。怖いと感じたそのすぐ後、友達と一緒に遊びたくないと思い、1人で遊ぶ。1人で遊ぶ中で再び「友達と一緒に遊びたい」と思うようになってきて、そして、実際に友だちと遊ぼうとするようになってきた。しかし、このいざ実際に遊ぼうとするという段になっても、「一緒に遊びたくない」という思いが生じてきてしまうのである。

　だが、航ちゃんは、これまで1人で遊び、1人で遊ぶ中で「もう一つ楽しさを感じられない」ということを積み重ねてきている。その中で、友だちと一緒に遊びたいと強く思うようになってきている。それゆえ、航ちゃんは、いざ一緒に遊ぼうとする段になって一緒に遊びたくないという思いが生じてきてしまうとしても、その思いを実行に移すことを抑制しようとする。つまり、一緒に遊びたくないという思いが生じてきたとしても、その思いを実行に移し一緒に遊ぶことをやめてしまうということを抑制する、そして、友だちと一緒に遊ぶことを続けようとする。

　では、航ちゃんがこのようにするならば、どうであろうか。

　航ちゃんは、自分の思いを実現でき、そして友だちが「受け入れる」「共感する」「認める」ということをするかもしれない。そのとき、航ちゃんは、自分の思いを実現でき、友だちと「受け入れる」「認める」という関係に入っていく。

　だが、そうでないかもしれない。既にみたように、材料などが不足する場面は、避けることはできない。航ちゃんは、材料などが不足する場面に入ってしまい、取り合うことをするかもしれない。そして相手の取ろうとすることを怖いと感じ、取り合う場面から抜け出していくかもしれない。あるいは、相手が水をかけてくる、水をかけられることをいやと感じ、一緒に遊ぶ場面から抜け出していくかもしれない。あるいは、相手が捕まえようとすることを怖いと感じ、一緒に遊ぶ場面から抜け出していくかもしれない。

　そして、もし、航ちゃんが、この後者の方向に入っていくならば、そ

の時、航ちゃんは、再び家で1人遊ぶ→家で1人遊ぶともう一つ楽しさ
を感じられない→再び友達と遊びたいと思う→再び友達と一緒に遊ぼう
とする、そして、再び友だちが取ろうとする（水をかけようとする、捕
まえようとする）ことに怖い（いや）と感じ、一緒に遊ぶ場面から抜け
出す→さらに再び家で1人で遊ぶ、という過程を辿ることになる。

　この過程は、同じことを何度も何度も繰り返す過程である。航ちゃん
は、8、9月、ようやく、再び友だちと一緒に遊ぼうとするようになっ
た。ようやく、再び友だちと一緒に遊ぼうとするようになったのに、こ
うした同じことを何度も繰り返す過程に入っていくことになる。

　では、航ちゃんは、この同じことを繰り返す過程からどのようにした
ら抜け出すことができるのだろうか。

　このことを考察するにあたって「鍵」となるのは、航ちゃんが友達と
一緒に遊ぼうとして、①（材料などが不足する場面に入ってしまい）取
り合う→相手が取ろうとすることに怖いと感じる→一緒に遊ぶ場面から
抜け出してしまうというプロセス、また②相手が水をかけようとするこ
とをいやと感じる→一緒に遊ぶ場面から抜けだしてしまうというプロセ
ス、そして、③相手が捕まえようとすることに怖いと感じる→一緒に遊
ぶ場面から抜け出してしまうというプロセスであるように思われる。

　本稿では、まず、航ちゃんを外側から捉える第3者の立場に立つ。そ
して、この立場から、航ちゃんはなぜこれらのプロセスに入ってしまう
のか、航ちゃんはどのようにしたらこれらのプロセスから抜け出すこと
ができるのか、考察する。

　最初に、②、すなわち、「相手が水をかけることをいやと感じる→一
緒に遊ぶ場面から抜け出してしまう」というプロセスを取り上げる。

　普通子どもは、水を初めてかけられるとき、そのことを「いや！」と感
じる。このことは、水だけでなく、土や泥をかけられる場合も同様である。

　しかし、子どもの多くは——最初はいやと感じ水をかけられる場面か
ら抜け出したとしても——そのあと、自分から水にかかわっていこうと

する。例えば、砂場に水たまりができている。その水たまりの中に、人差し指を、少しずつ、入れてみる。そのようにすると、たしかに最初は「いや！」、「気持ち悪い！」と感じる。しかし、少しずつ、その水の冷たさやさらっとした感じを気持ちよいと感じるようになる。そして、そのようになると、次に手や足を入れてみようとする。入れてみると、たしかに最初はやはり「いや！」「気持ち悪い！」と感じる。が、その水の冷たさやさらっとした感じがやはり気持ちよいと感じるようになる。そして、このようになってくると、友だちが水をかけてくることに耐え難いほど「いや！」と感じなくなる。むしろ、気持ちよい、面白い、楽しいと感じるようになる。

　子どもの多くは、1、2歳のうちに、このような経験をし、水をかけられることを気持ちよい、楽しいと感じるようになるのだが、航ちゃんの場合は、このような経験をする機会から遠ざけられていたようだ。3歳になり、友だちと一緒に遊ぼうとした時、はじめてこういう経験をしたようだ。そのため、水をかけられることに——気持ちよさを感じるどころではなく——耐え難いほど「いや！」と感じたのである。このことが、航ちゃんが敦子ちゃんに水をかけられた、そのとき「いや！」と感じて、一緒に遊ぶ場面から抜け出してしまった理由である。

　理由がこのようであると分かると、どのようにしたら航ちゃんがこのことから脱け出すことができるのかも分かってくる。水をかけられることをいやと感じない子どもは、1、2歳の時に——最初はいやと強く感じたとしても——水の気持ちよさを感じるようになった子どもである。それゆえ、航ちゃんは、水に触れることや水をかけられることに少しずつ、かかわっていく。そして、そのことによって、水に触れることや水をかけられることに気持ちよさを感じるようになっていけばよいのである。

　次に、③「相手の捕まえようとすることに怖いと感じる→一緒に遊ぶ場面から抜け出してしまうというプロセスを取り上げる。

　普通子どもは、相手が自分を捕まえようとすることに怖さを感じる。あるいは、ただ捕まえる—捕まえられるという遊びをやっているという

場合であっても、相手のその意図が分からないと、やはり、怖さを感じる。怖さの余り、一瞬身動きできなくなることもある。だが、そのまま身動きせず、相手のなすがままにされると、相手に捕まえられてしまう。それゆえ、相手が捕まえようとしてくることに対して、立ち向かう。つまり、自分から逆に捕まえようとする。あるいは——相手を捕まえようしても捕まえられてしまうという場合には——逃げ通そうとする。そして、立ち向かおうとする（逆に捕まえようとする、逃げ通そうとする）とき、快、喜びを感じるようになる。また、立ち向かうことがうまくできたとき、快、喜びを感じるようになる。

　人間は、相手が友好的だけではない、相手が自分を捕まえようとするという環境のもとでも、生存してきた。それゆえ、相手が自分を捕まえようとするとき、激しい恐怖を感じるが、相手のなすがままにされるのではなく、それに立ち向かおうとする（逆に捕まえようとする、逃げ通そうとする）ことを発達させてきた。そして、そのことをしようとするとき、そしてそのことがうまくできたとき、快、喜びを感じるということを発達させてきた。それゆえ、この、「立ち向かおうとすること」、そして、「立ち向かおうとする（立ち向かうことがうまくできた）とき、快、喜びを感じるということ」は、人間に内在することであると考えられる。

　相手が捕まえようとする、そのことに怖さを感じるだけではなく、快、喜びを感じる子どもは——航ちゃんに取っ組み合いを挑んできた昌和ちゃんはこういう子どもであるといえるが——1、2歳の時、親や兄弟たちとこうした捕まえる—捕まえられるという遊びを経験し、その中で、少しずつ、快、喜びを感じるようになった子どもである。航ちゃんは、これまで「こんなことをして遊んだ経験」[13]がなかった。昌和ちゃんが取っ組み合いを挑んできたとき初めて経験した。それゆえ、昌和ちゃんが捕まえようとしてきたとき、怖さだけを感じたのである。

　理由がこのように捉えられると、航ちゃんがこのプロセスからどのようにしたら脱け出すことができるか分かってくる。航ちゃんは、3歳になっ

て初めてこの捕まえる―捕まえられるという場面に入っている。しかし、航ちゃんは、こうした場面に入って、たしかに最初怖さを感じるとしても、相手の捕まえようとすることに少しずつ立ち向かおうとするようになるのではないだろうか。そして立ち向かおうとすることに快、喜びを感じるようになるのではないだろうか。このことによって、この③の「相手の捕まえようとすることに怖いと感じる→一緒に遊ぶ場面から抜け出してしまう」というプロセスから脱け出すことができるのである。

　最後に、①、つまり、「相手の取ろうとすることを怖いと感じる→一緒に遊ぶ場面から抜け出してしまう」というプロセスについてはどうであろうか。

　上に、普通子どもは、相手が自分を捕まえようとする、そのことに怖さを感じる。だが、そのままだと、捕まえられてしまう。それゆえ、立ち向かい、逆に捕まえようとする。立ち向かい、逃げ通そうとする。そして、立ち向かおうとするとき、そして立ち向かうことがうまくできたとき、快、喜びを感じるようになる、ということを述べた。この、航ちゃんが材料などが不足する場面に入ってしまい、取り合う、相手の取ろうとしてくることに怖いと感じるという場合にも、このことと同じことが当てはまるのではないだろうか。すなわち、子どもは、材料などが不足する場面に入ってしまい、取り合う、相手の取ろうとすることを怖いと感じるとしても、相手の取ろうとすることに対して立ち向かい、逆に取ろうとしていくのではないだろうか。そして、立ち向かおうとするとき、立ち向かうことがうまくできたとき、快、喜びを感じるようになるのではないだろうか。

　航ちゃんは、３歳になり、敦子ちゃんたちと一緒に遊ぼうとして初めて取り合うということを経験した。そのため、航ちゃんは、相手の取ろうとすることを怖いと感じ、取り合う場面から抜け出してしまったのである。

　航ちゃんは、３歳になり、友だちと一緒に遊ぼうとして、取り合う場面に入っている。航ちゃんは、最初怖いと感じるとしても、少しずつ、

相手の取ろうとすることに立ち向かおうとする。逆に取ろうとするようになるのではないだろうか。そして、立ち向かおうとするとき、立ち向かうことがうまくできたとき，快、喜びを感じるようになるのではないだろうか。このことによって、この①の「相手が取ろうとすることに怖いと感じる→一緒に遊ぶ場面から抜け出してしまう」というプロセスから脱け出すことができるのである。

　以上、航ちゃんは、8、9月くらいから、再び友だちと一緒に遊ぼうとするようになること、再び友だちと一緒に遊ぼうとすると、①取り合う→相手が取ろうとすることを怖いと感じる→一緒に遊ぶ場面から抜け出してしまう、あるいは、②相手が水をかけようとすることにいやと感じる→一緒に遊ぶ場面から抜けだしてしまう、あるいは、③相手が捕まえようとすることに怖いと感じる→一緒に遊ぶ場面から抜け出してしまうという、プロセスを辿るということ。そして、そのあと→再び家で1人遊ぶ、もう一つ楽しさを感じられない→再び友達と遊びたいと思う→再び友達と一緒に遊ぼうとする→再び①、②、③のプロセスを辿る→再び家で1人で遊ぶ……という同じことを何度も繰り返す過程を辿ることになるということ、これらのことを述べた。

　そこで、本稿では、「では、航ちゃんは、この過程からどのようにしたら脱け出すことができるのか」という問いを立てた。この問を考察するにあたって鍵となるのは、①、②、③のプロセスである。まず航ちゃんを外側から捉える第3者の立場に立ち、「①、②、③のプロセスから航ちゃんはどのようにしたら脱け出すことができるのか」、考察してきた。

　だが、このプロセスの只中にあるのは——航ちゃんを外側から捉える第3者ではなく——航ちゃん自身である。

　航ちゃんは、自分自身で、なぜ①、②、③のプロセスに入ってしまうのかその理由を捉えることはできない。理由を捉えることはできないので、どのようにしたら①、②、③のプロセスから脱け出すことができるか、考えることもできない。考えることができないので、親、保育者が

どのようにしたら脱け出すことができるか教えたとしても、それを理解することができない。それゆえ、それを理解した上で、それに従って、①、②、③のプロセスから脱け出していくこともできない。

　では、こうした航ちゃん自身は、どのようにして、①、②、③のプロセスから脱け抜け出していくのだろうか。繰り返すが、航ちゃんは、親、保育者がどのようにしたら脱け出すことができるか教えたとしても、それを理解した上で、それに従って、①、②、③のプロセスから脱け出していくということはできないのである。航ちゃん自身ができることは、友だちと一緒に遊ぼうとすること、怖い（いや）と感じ、一緒に遊ぶ場面から抜け出してしまうこと、1人で遊び、1人で遊ぶともう1つ楽しさを感じられないということ、友だちと一緒に遊びたいと思うようになり、友だちと一緒に遊ぼうとすること。このことだけである。航ちゃんは、このことを通してのみ、①、②、③のプロセスから脱け出していくのではないだろうか。

　航ちゃんは、8、9月ぐらいから、再び友だちと一緒に遊ぼうとするようになる。そして、友だちと一緒に遊ぼうとして、上の過程を繰り返す。そうした9月のある日、次のようにするようになる。

　「9月の半ばのある日、航ちゃんと潤ちゃんが、敦子ちゃんの家にあがりこんで3人で絵を描き出した。航ちゃんは、青いクレヨンを握り、太いしっかりしとた線を画用紙いっぱいに引いていく。潤ちゃんは棒あめをしゃぶりながら、そこへ手を出して遠慮がちな線を1本スーとひいた。自分が書こうとしているのを邪魔されたと思った航ちゃんは、ものもいわずに潤ちゃんの顔や身体をたたきだす。航ちゃんに叩かれて、少しおされ気味だった潤ちゃんは、（中略）泣きもせず、また坐り直すと、航ちゃんが書きつづけている画帳にまた何くわぬ顔で手を出し、クレヨンの線を1本ビーッと引いて、またまた航ちゃんの怒りをかって、小ぜり合いを演じている。だいたい画帳が2冊しかなくて、敦子ちゃんが1冊とっていたから、潤ちゃんとしては他に書くところがないので、たま

たまそばの航ちゃんのところへ手を出したにすぎないのだが、航ちゃんのほうも今日はどういうわけか強気で、自分の障害物にむかって精いっぱいの抵抗を試みており、気力回復のきざしがみえないでもない」[14]

航ちゃんと潤ちゃんが、1枚の画用紙の上に、線を引くことを取り合う。最初、航ちゃんが、「太いしっかりとした線」を引く。潤ちゃんが「そこへ手を出し」、「線を1本スーと引く」。

これまでの航ちゃんだと、相手が取ろうとすること（相手が線を引こうとすること）を怖いと感じ、取り合う（線を引き合う）場面から抜け出すことをしていた。だが、ここでの航ちゃんは、違う。潤ちゃんが取ろうとすること（線を引こうとすること）に立ち向かおうとする。立ち向かおうとして線を引き続け、さらに潤ちゃんを叩こうとする。一方、潤ちゃんの方はどうかというと、航ちゃんに叩かれても、「画帳にまた手を出し」「線を1本ビューン」と引こうとする。航ちゃんは、潤ちゃんのそれに対してまた立ち向かおうとし、潤ちゃんを叩こうとする。

航ちゃんは、このようにするようになっている。

そして、航ちゃんは、この半月後、次のようにするようになる。

「10月に入った。めずらしく航ちゃんが昌和ちゃんのおかあさんの誘いにのって、象公園に出てきた。

航ちゃんが外遊びに出てきただけでもたいした変化である。今日はどう振舞うのだろうか。航ちゃんは、昌和ちゃん、潤ちゃん、敦子ちゃん、航ちゃんの4人で電車ごっこを始める。昌和ちゃんのおかあさんが縄を輪にして、電車ごっこの遊び方をコーチしてくれている。（中略）。やっと4人が気持をそろえて、縄の中に入り、せいぞろいした。潤ちゃんがしんがり、敦子ちゃんがその前、おかあさんが出発の合図で、ポッポーと声をかけると、昌和ちゃんが縄の先頭にとび出してきて、運転手になろうとした。と、すかさず航ちゃんが先頭にせせり出てきて、昌和ちゃんよりも前に出ようとせり合い、昌和ちゃんをたたいて、後へ行

け、という。かなり執拗にくいさがって、たたきつづける航ちゃんに、勝手が違ってちょっと出遅れた昌和ちゃんは、おとなしく航ちゃんの後についた。航ちゃんは、今日はなかなか負けていない。

　あんまりたたかれるので、いったんしりぞいた昌和ちゃんだが、航ちゃんが先頭になって縄をグイッとすすめると、昌和ちゃんは、またあわてて前へとび出してきて、とうとう2人運転手の電車になってしまった。おまけに航運転手は右へ行こうとし、昌和運転手は左へ行こうとして、先頭のところだけ縄が横にピンとひっぱられる。航運転手がギュッと、縄を自分のほうへひきよせ、電車が航運転手の方向へ揺れると、すかさず、昌和運転手がギュウと左へ力を入れるので、電車は左に右にゆれ動きながら、今にも脱線しそうに遠くへ遠くへどこまでも走っていく。」[15]

　航ちゃんは、昌和ちゃん、潤ちゃん、敦子ちゃんと電車ごっこを始める。この時期の子どもにとって、電車の運転手は憧れの存在である。それゆえ、電車ごっこをしようとする子どもの多くは、運転手の役を取ろうとする。ここでも、まず、昌和ちゃんが「縄の先頭に飛び出し」運転手の役を取ろうとする。だが、航ちゃんも、「すかさず縄の先頭にせせり出て」運転手の役を取ろうとする。航ちゃんは、昌和ちゃんと運転手の役を取り合う。運転手の役を取り合う時、以前の航ちゃんなら怖いと感じ、取り合う場面から抜け出すことをしていただろう。だが、ここでの航ちゃんは、昌和ちゃんの運転手の役を取ろうとすることに立ち向かい、逆に取ろうとする。さらに昌和ちゃんを叩こうとする。

　結局、航ちゃんと昌和ちゃんが双方とも運転手の役を取り、それぞれ自分の思う方向に電車を運転していこうとする。昌和ちゃんが左に行こうとして縄をギュッと引き寄せようとする。航ちゃんはそのことに立ち向かい、やはり縄をギュッと引き寄せようとする。

　恐らく、この時の航ちゃんは、立ち向かい運転手の役割を取ろうとすることに、また立ち向かい縄を引き寄せようとすることに、快、喜びを感じるようになっているのではないだろうか。

このようにするようになると、航ちゃんは、これまでとはうって変わって――次に見ることができるように――次から次へと、自分から、友だちと一緒に遊ぼうとするようになる。また、途中で一緒に遊び場面から抜け出してしまうのではなく、その遊びを続けようとするようになる。

「10月29日　原田神社でお姉さんと柵に登ったり、かけっこをして遊びに夢中、2時間たっても帰ってこないので、心配したおかあさんが迎えにきて、無理に連れてかえろうとすると、航ちゃんは泣きわめいておこる。」(16)

「10月30日。昼すぎから夕方まで潤ちゃんの家で、信子ちゃんたちとドロのタコ焼きごっこをして遊ぶ。お母さんが迎えにくると、もっと遊ぶといって聞かない。やっとお母さんに連れられていった市場の帰りも、敦子ちゃんを見つけると、あっちゃん！と声をかけて、もう日が暮れかかっているのにおかあさんの手をふりきって敦子ちゃんの家へ行く」(17)

航ちゃんは、このようになる。

このようになった航ちゃんは、「11月10日ごろから」(18)。昌和ちゃんの所に足しげく通うようになる。そして、11月の半ばのある午後、次のようにするようになる。

「航ちゃんが、顔中いたずらっぽい笑いに満ちあふれてすべり台を超スピードですべり下りてくるのがめに入った。航ちゃんはすべり台からとぶように降りると象公園を走りまわり、また、すべり台へのぼっていく。どうやら、ひとりで遊びに来ているらしい。1ヶ月会わないとこんなに変わってしまうのかと、いささか面くらいながらカメラを回しつづけていると、航ちゃんは、すべり台のところにいる昌和ちゃんをみつけた。昌和ちゃんも偶然ひとりで遊びにきていたらしいが、昌和ちゃんがここにひとりで遊びにくるのは、そうめずらしいことではない。

航ちゃんは、昌和ちゃんと目をあわせながら、しばらくジーッとしていたかと思うとピョコンと一歩前へ出て、またピョコンと後へ逃げるように一歩下って、自分から昌和ちゃんに何やらサインを送っているので

ある。9月に、昌和ちゃんからやられた、あの方式である。〝ホラ、オ
イデヨ！〟、といわんばかりに相手を挑発して、楽しむあのやり方であ
る。航ちゃんが2〜3度チョッカイをかけると、昌和ちゃんが網にか
かってきた。航ちゃんは喜んで逃げまわる。追いかけてきた昌和ちゃん
が、航ちゃんを後からつかまえてドーンと押すと、航ちゃんはつき倒さ
れてしまった。一瞬顔がくもったようだったが、航ちゃんは、すぐ起き
上がると、今から逃げようとニコニコしながら後を振り向いた昌和ちゃ
んの洋服をつかまえた。昌和ちゃんは、逃げるに逃げられなくなって、
洋服の背中をひっぱられたまま1・2・3と足踏みをしながら笑ってい
る。航ちゃんも一緒に笑い、昌和ちゃんは力を出して航ちゃんの手をふ
りきると一目散にかけ出した。航ちゃんは両手をふりあげながら、これ
また一生懸命楽しそうに昌和ちゃんを追いかける。」[19]

　以前、昌和ちゃんや敦子ちゃんが航ちゃんの家に遊びにきたとき、昌
和ちゃんが航ちゃんを捕まえ組み伏せようとしたことがあった。そのと
き、航ちゃんは、昌和ちゃんが捕まえようとすることを怖いと感じ、一
緒に遊ぶ場面から抜け出し、お母さんの所に逃げ帰ることをしていた。
　そうした航ちゃんが、この11月半ばでは、昌和ちゃんが捕まえよう
とすること、そのことに対して「喜んで逃げまわる」ということをするよ
うになっている。
　航ちゃんは、ここでは、昌和ちゃんが捕まえようとすることにほとん
ど怖さを感じなくなっている。しかし、それだけではない。昌和ちゃん
の捕まえようとすることに立ち向かおうとするようになっている。立ち
向かい、逃げ回ろうとするようになっている。そしてさらに、立ち向か
おうとすること、逃げ回ろうとすることに快、喜びを感じるようになっ
ている。
　航ちゃんは、このように、立ち向かおうとすること、逃げ回ろうとす
ることに快、喜びを感じるようになっているので、昌和ちゃんが自分を
捕まえようとするよう挑発するようになっている。航ちゃんが昌和ちゃ

んに自分を捕まえようとするよう挑発するのは、おそらく初めてであろう。航ちゃんは、自分を捕まえるよう挑発し、昌和ちゃんがそれにのって捕まえようとする。それに対して喜んで逃げ回り、逃げ回ることの快、喜びを感じようとするようになっている。

　さて、以上、航ちゃんは、6月から7月にかけて、敦子ちゃん、潤ちゃんと一緒に遊ぼうとする、一緒に遊ぼうとすると、怖い（いや）と感じる→一緒に遊ぶ場面から抜け出ししまうということ、そのことにより、1人で遊ぶ……一緒に遊ぼうとする……1人で遊ぶ……という同じことを繰り返す過程を入ってしまう。そこで、「では、航ちゃんはどのようにしたら、一緒に遊ぼうとする……1人で遊ぶ……一緒に遊ぼうとする……という同じことを繰り返す過程から脱け出すことができるのか」という問を立てた。まず航ちゃんを外側から捉える第3者の立場に立ち、「航ちゃんは、どのようにしたら①、②、③のプロセスから脱け出していくことができるのか」考察した。だが、このプロセスの渦中にいるのは、航ちゃんを外側から捉える第3者ではなく、航ちゃん自身である。そこで、新たに「航ちゃん自身は、どのようにしてこのプロセスを脱け出していくのか」という問を立て、9月半ば、10月、11月半ばの事例を取り上げ、考察してきた。
　新たな問を立てたさい、「航ちゃんは、『どのようにしたら①、②、③のプロセスから脱け出すことができるか』自分自身で考えることができないので、親、保育者がどのようにしたら脱け出すことができるか教えたとしても、それを理解した上で、それに従って、脱け出していくことはできない」と述べた。また、「航ちゃんは、友だちと一緒に遊ぼうとする……1人で遊ぶ……友だちと一緒に遊ぼうとする……このことを通してのみ、①、②、③のプロセスから脱け出していくのではないか」と述べた。
　9月半ば、10月、11月半ばの事例を考察してみると、まさに、この通りであるということがわかる。

　いずれの事例においても、親、保育者がどのようにしたらこのプロセスから脱け出すことができるか教え、航ちゃんが——それを理解した上で——それに従って、このプロセスから脱け出していく、ということは見られない。

　そうではなく、航ちゃんは、再び友だちと一緒に遊ぼうとする→材料などが不足する場面に入ってしまい、取り合う（この時はハラハラドキドキする）→相手の取ろうとすることに怖さを感じる（怖さを感じる）→一緒に遊ぶ場面から抜け出してしまう（悲しさを感じる）→家で1人遊ぶ（もう1つ楽しさを感じられない）→友だちと一緒に遊びたいと思うようになる→その思いを叶えようとして友だちと一緒に遊ぼうとする、このことを通して——このことは、「ハラハラドキドキする」「怖いと感じる」「悲しさを感じる」「もう1つ楽しさを感じられない」といったいろいろな感情を積み重ね、その中から一緒に遊びたいと思う、思いを叶えようとする、という過程である——相手の取ろうとすることに立ち向かおうとするようになる。立ち向かおうとすることに快、喜びを感じるようになるのである。

　筆者は、「相手の取ろうとすることに立ち向かおうとすること、立ち向かおうとすることに快、喜びを感じるようになるということ」は、人間に内在することであると考える。それゆえ、人間に内在することが姿をあらわすこととして、立ち向かおうとするようになる、立ち向おうとすることに快、喜びを感じるようになる、と考える。

　航ちゃんは、このことを通して、立ち向かおうとするようになる、立ち向かおうとすることに快、喜びを感じるようになる。そして——このようになることによって——それまでの「怖い（いや）と感じる→一緒に遊ぶ場面から抜け出ていく」というプロセスから脱け出していく。一緒に遊ぶ場面にとどまり、一緒に遊ぶことを続けるようになる。

　航ちゃんは、このように、一緒に友だちと遊ぼうとする……1人で遊ぶ……一緒に遊ぼうとする……ということをする中で、自ら、相手の取

ろうとすることに立ち向かおうとするようになる、立ち向かおうとすることに快、喜びを感じるようになる、という成長をする。こうした成長をすることによって、「怖いと感じる→一緒に遊ぶ場面から脱け出す」ということを脱け出し、一緒に遊ぶことを続けるという成長をする。

　筆者は——拙著『子どもは自ら成長しようとする』において、また、その続編である本書において——子どものいろいろな「自ら成長しようとする」姿を捉えようとしている。本節で捉えた航ちゃんのこうした姿も、子どものいろいろな「自ら成長しようとする」姿、その姿の1つとして、捉えることができる。

【註】

（1）香川大学教育学部付属幼稚園「第49回研究発表大会研究紀要」2001年、48-51頁

（2）瀬地山澪子著『三才から六才へ』京大幼児教育研究会発行、平成9年、60-61頁

（3）同上、63頁

（4）同上、64-65頁

（5）同上、80-82頁

（6）同上、66-67頁

（7）同上、67-68頁

（8）同上、72-74頁

（9）同上、71頁

（10）同上、82-83頁

（11）同上、83頁

（12）同上、82-83頁

（13）同上、82頁

（14）同上、87-88頁

（15）同上、88頁

（16）同上、90頁

（17）同上、90頁

（18）同上、92頁

（19）同上、92-94頁

第2章　子どものけんか（その1）

—子どもは、「材料等が不足する場面」に入った時、どのようなことに気づくのか、どのようなことをしようとするのか—

第1節　事例の前に

　前章では、子どもAが子どもBと遊ぼうとする、その時、それとは知らぬ間に「材料などが不足する」場面に入ってしまうということ、そして、その場面に入ってしまう場合——子どもAが自分の思いを実現し、互いに相手を受け入れる、認めるという関係に入っていくのではなく——子どもAが思いを実現しようとすることと子どもBが思いを実現しようとすることが対立し、取り合うという関係になるということ、さらに——もし子どもA、Bが取り合うことをやめてしまうのではなく、あくまで取り合うことを続けるならば——子どもA、Bのいずれかが取ってしまう、取ってしまうことによって相手の思いの実現を挫いてしまうという関係になる、ということを述べた。

　また、子どもの中には——材料などが不足する場面に入ってしまう時——相手の取ろうとすることに怖さを感じ、そのため取り合うことをやめてしまう（取り合う場面から抜け出してしまう）子どもがいるということを述べた。

　『三才から六才へ』という本の中に登場する航ちゃんは、まさに、そういう子どもの1人である。航ちゃんは、5月、家の近くの友だちと一緒に遊ぼうとし始めた時、材料などが不足する場面に入ってしまい、友だちが取ろうとすることに怖さを感じ——友だちの取ろうとすることに立ち向かおうとはせず——取り合うことをやめてしまう（取り合う場面から抜け出してしまう）ということをしていた。そして、1人で遊ぶ→1人で遊ぶともう一つ楽しさを感じられない→再び一緒に遊ぼうとする→再び相手の取ろうとすることに怖さを感じる→取り合うことをやめてしまう（取り合う場面から抜け出してしまう）。→そのため再び1人で

遊ぶ→……という同じことを繰り返す過程に入ってしまっていた。

　しかし、航ちゃんは、9月半ば～11月半ばに、まさに、友だちと一緒に遊ぼうとする……1人で遊ぶ……友達と一緒に遊ぼうとする……1人で遊ぶ……ということを通して、相手の取ろうとすることに立ち向かうようになる、立ち向かおうとすることに快、喜びを感じるようになる。そして、それまでの「怖いと感じる→一緒に遊ぶ場面から抜け出す」ということから脱け出し、一緒に遊ぶことを続けるようになる。

　つまり、航ちゃんは、相手の取ろうとすることに立ち向かおうとするようになる、立ち向かおうとすることに快、喜びを感じるようになる、という成長をする。また、「怖いと感じる→一緒に遊ぶ場面を抜け出す」ということから脱け出し、一緒に遊ぶことを続けるという成長をする。

　では、このように成長した子どもは、再び材料などが不足する場面に入った時、どのようにしようとするのだろうか。「材料などが不足する」場面というのは、子どもAの思いを実現することと子どもBの思いを実現することが対立し、取り合うという場面である。さらに、もし子どもA、Bが取り合うことをやめてしまうのではなく、あくまで取り合うことを続けるならば、子どもA、Bのいずれか一方が取ってしまう、取ってしまうことによって相手の思いの実現を挫いてしまう、という場面である。

　それゆえ、成長した子どもは、材料などが不足する場面に入った時、自分の思いを実現しようとすることと相手の思いを実現しようとすることが対立し、取り合うことをする。しかし、取り合うだけではない。取り合うことを止めてしまうということから脱け出し、取り合うことを続けるという成長をしたということによって、取り合いを続け、どちらか一方が取ってしまう。そしてそのことによって相手の思いの実現を挫いてしまう、ということになるのである。

　ところで、幼稚園、保育所において、成長した子どもは、材料などが不足する場面に入った時、どのようにしようとするのか観察すると、成長した子どもは、もちろん、取り合うことを止めてしまうことはせず、

取り合うことを続ける。続けることによってどちらか一方が力づくで取ってしまう。そしてそのことによって相手の思いの実現を挫いてしまう、ということをする。

　しかし、それで終わってしまうのではない。成長した子どもは、この時、力づくで取ってしまうことをするが、力づくで取ってしまうことをすることによって、いろいろなことに気づくのである。

　子どもは、力づくで取ってしまうことによって、「自分というのは、力づくで取ってしまうのだ」と自分のすることに気づく。また、子どもが力づくで取ってしまうことによって、相手の子どもは、「自分の思いの実現が挫かれた」と感じる。怒り・攻撃性が湧いてきて、子どもに「いけないことをする子ども、悪い子ども」という言葉を投げかける。相手の子どもが、挫かれたと感じ、言葉を投げかけてくることによって、子どもは、「相手の子どもが挫かれたと感じていること」に気づかされる。また「自分は、相手の子どもからいけないことをする子どもと認識されている」ということに気づかされる。そして、子どもは、このことに気づく（気づかされる）ことにより、あることをしようとする。

　あるいは、子どもは、力づくで取ってしまうことによって、「自分というのは、力づくで取ってしまうのだ」と気づく（気づかれる）。また、子どもが力づくで取ってしまうことによって、相手の子どもは「自分の思いの実現が挫かれた」と感じる。怒り・攻撃性が生じてきて、「もはや一緒に遊びたくない」と思う。そこで一緒に遊ぶ場面から離れたり、「○○とは一緒に遊ばない」という言葉を投げかけたりする。相手の子どもが挫かれたと感じその場面から離れるということによって、子どもは、「相手の子どもが挫かれたと感じていること」「そのためもはや一緒に遊びたくないと思っていること」に気づかされる。そして、子どもは、これらのことに気づく（気づかされる）ことにより、あることをしようとする。

　あるいは、子どもは、力づくで取ってしまうことによって、「自分と

いうのは力づくで取ってしまうのだ」と気づく（気づかされる）。また、子どもが力づくで取ってしまうことによって、相手の子どもは「自分の思いの実現が挫かれた」と感じる。怒り・攻撃性が湧いてくる。また「力づくで取られてしまって、悔しい」と感じる。しかし、子どもはまさに力づくで取ってしまう時——あるいは、力づくで取ってしまったあと相手の悲しんでいる様子を見た時——相手の感じていることに直に触れ、相手の感じていることを感じ取る。つまり、「直に感じ取る」という仕方で相手の感じていることに気づく（気づかせられる）。そして、子どもは、このことに気づく（気づかせられる）ことにより、あることをしようとする。

　幼稚園・保育所で観察すると、成長した子どもは、このように——材料などが不足する場面に入って——取り合うことを続け、どちらか一方が取ってしまう。そのことによって相手の思いを挫いてしまう。しかし、子どもは、力づくで取ってしまうことにより、……気づく、気づくことにより、あることをしようとする、のである。

　では、材料などが不足する場面に入った時、成長した子どもは、力づくで取ってしまう……気づく……あることをしようとする、このことをどのように行うのだろうか。

　このことを観察すると、１人１人の子どもに応じて、また一つ一つの場面に応じて異なる、ということが分かる。もちろん、共通する側面もあり、共通する側面については筆者もこのあと触れる予定であるのだが、だが、基本的には、１人１人の子どもによって、また一つ一つの場面によって異なっており、多様である。

　そこで、本稿では、以下、１人１人の子ども、一つ一つの場面に即して、このことを考察したい。すなわち、ある１人の子どもが、ある一つの「材料などが不足するという場面」に入り、力づくで取ってしまう……気づく……あることをしようとする、という事例を取り上げ、それに即して、その子どもが、力づくで取ってしまう……気づく……あることをしようとする、ということをどのように行うのか、考察する。

本稿では、次の事例、すなわち、

1　あきという子どもの、3歳児クラス、7月の時の事例

2　ゆうだいという子どもの、3歳児クラス、6月の時の事例

3　あきという子どもの、3歳児クラス、7月から、4歳児クラス、4月、5月、7月、10月までの一連の事例。

4　ツトムという子どもの、3歳児クラスの事例

5　Eという子どもの、3歳児クラスの事例

6　Aという子どもの、4歳児クラス、11月の事例

を取り上げ、考察する。

第2節　あき　3歳児クラス　7月

　最初に、あきという子どもの（3歳児クラス、7月の時点で）材料などが不足する場面に入ってしまう、力づくで取ってしまう……気づく……あることをしようとする、という事例を取り上げる。「保育実践：あきの思いに寄り添って」[1] に掲載されている事例である。あきの担任の保育者が書いた事例を、まず、そのまま引用する。そして、それを受けて、次に、事例に関する筆者の考察を書く。

　「1人の女の子と私（担任の保育者―引用者註）が、小麦粉粘土をのばして型抜きをしていた。そこに砂場遊びを終えてあきが保育室に戻ってきた。『おもしろそうやな。私もしよう』と小麦粉粘土をのばしだすあき。女の子が星型の型抜きをしているのを見ていたかと思うと、それを無言で取ってしまった。女の子も怒ってうばい返す。2人の間で『私ので！』『私のや！』と取り合いが続く。2人に他の型抜きを差し出したところでおさまらないだろう、どのように2人を落ち着かせようと私が言葉を探していると、『あきちゃんは、幼稚園で一番悪い子です。いじわる子、いじわる子！』と、女の子が叫んだ。すると、あきは『私はいじわるでない』と泣きながら型抜きを投げて返す。」[1]

　幼稚園。3歳児クラス。7月。1人の女の子と小野保育者が、小麦粉粘土を伸ばし、それを型抜きを使って切り抜くという遊びをしていた。外遊びから帰って来たあきは、それを見て、自分もしたい、と思った。まず小麦粉粘土を平たく伸ばした。そして次に、伸ばした小麦粉粘土を——その女の子がしているように——型抜きを使って切り抜こうとした。だが型抜きはもっておらず、女の子がもっている。そこでその女の子から無言で取ってしまった。

　あきは、このように型抜きを一方的に取ってしまうことをする。取ってしまうことによって、初めて「自分というのは、このように型抜きを一方的に取ってしまうだ」ということに気づく。

　また、あきがこのように型抜きを一方的に取ってしまうことによって、相手の子どもは、「自分の思いの実現が挫かれた」と感じる。人は誰でも、挫かれたと感じる時には、怒り・攻撃性が湧いてくる。この相手の子どもも、怒り・攻撃性が湧いてきて、「あきちゃんは、幼稚園で1番悪い子どもです。いじわる子。いじわる子」という言葉を投げかける。

　相手の子どもが挫かれたと感じ、言葉を投げかけてくることによって、あきは、「相手の子どもが挫かれたと感じていること」に気づかされる。また、「自分は、相手の子どもから、悪い子どもと認識されている」ということに気づかされる。そして、あきは、相手の子どものこういう認識を受けて、自分自身によっても、「自分は、悪い子どもである」と認識する。

　だが、この時期の子どもの多くは、「自分は、（悪い子どもではない）良い子どもだ」、「自分は、（意地の悪い子どもではない）意地の良い子どもだ」と思っている。あきも例外ではない。

　あきは、「○○によって悪い子どもと認識されている、そういう自分である」と認識すると悲しい。また、「自分自身によっても悪い子どもと認識されている、そういう自分である」と認識すると悲しい。このように認識し、悲しさを感じる時、「いや、自分は、○○によって（自分自身によって）そのように認識されている悪い子どもではない。型抜き

を一方的に取ってしまうことをしたのでたしかに悪い子どもであるのだが、だが、本来は良い子どもなのだ」と自己認識する。また、「自分は良い子どもになりたい」と思う。

　子どもは——多くの子どもは——「いや、自分は悪い子どもではない。本来は、良い子どもなのだ」と自己認識する時、その「自分は本来良い子どもであるのだ」という自己認識を、確かなものにしようとする。あきも、確かなものにしようとして、「自分は本来良い子どもである」ということを確かなものにする行動を選ぶ。取った型抜きを返すならば、相手の子どもは、あきを、「型抜きを返す本来良い子どもである」と認識するだろう。またあき自身も——相手の子どもの認識を受けて——自分はやはり本来良い子どもである」と認識することができるだろう。このように考え、取った型抜きを返すという行動を自分から選び、実行する。あきは、「私はいじわるではない（傍点は引用者）」と言い「星形の型抜きを投げて返す」ということをする。

　また、あきは、「良い子どもになりたい」という思いを実現しようとする。あきは、実現しようとして、「良い子どもになりたい」という思いを実現する行動を、選ぶ。取った型抜きを返すならば、相手の子どもは、あきを「型抜きを返す良い子どもになった」と認識するだろう。また、あき自身も——相手のこの認識を受けて——「自分は良い子どもになった」と認識することができるだろう。このように考え、取った型抜きを返すということを自分から選び、実行する。あきは、「星形の型抜きを投げて返す」ということをする。

　あきが「自分は悪い子どもではない。本来良い子どもなのだ」という自己認識を確かなものにしようとして、取った型抜きを返すことをすると、相手の子どもは、型抜きを使うことができるようになる。それゆえ、相手の子どもは、あきを「型抜きを返す、本来良い子どもである」と認識するようになる。あき自身も——この認識を受けて——「自分は型抜きを返す、本来良い子どもなのだ」と自分を認識することができるようになる。自分が本来良い子どもであることを、確かなものにするのである。

　また、あきが「良い子どもになりたい」という思いを実現しようとして、取った型抜きを返すということをすると、相手の子どもは、あきを「型抜きを返した。だから良い子どもになったのだ」と認識するようになる。あきも——この相手の子どもの認識を受け——自分は、型抜きを返す、良い子どもになったのだ」と自分を認識するようになる。良い子どもになりたいという思いを実現するのである。

　あきは、このようにする。

　あきは、ここでは、相手の子どもと型抜きを取り合うということをしているのだが、この場面は、相手の子どもとあきが型抜きを使おうとする、しかし型抜きは一つしかないという場面、つまり「材料などが不足する」という場面である。あきは知らぬ間に「材料などが不足するという場面」に入ってしまい、型抜きを取り合う。だが、あきは、前章で見た航のように、相手の取ろうとすることに怖さを感じ、取り合いをやめてしまう、ということはない。取ることを続け、型抜きを取ってしまう。そして、相手の思いの実現を挫いてしまう、ということをする。

　あきが型抜きを取ってしまうということによって、相手の子どもは、「挫かれた」と感じ、「悪い子どもだ」という言葉を投げかけてくる。投げかけられることによって、あきは、「自分は○○によって悪い子どもと認識されている、そういう自分である」と認識し、悲しさを感じる。このように認識し、悲しさを感じる時、「自分は……本来は良い子どもなのだ」と改めて自己認識する。また「自分は良い子どもになりたい」と思う。そこで、あきは、「自分は、本来は良い子どもなのだ」とという自己認識を確かなものにしようとする。また、「自分は良い子どもになりたい」という思いを実現しようとする。あきは、確証—実現しようとして、型抜きを返すということを選び、実際に返すということをしていく。

　この取った型抜きを返すという関係づけは、対立し、挫くという関係ではない。そうではなく、対立し挫くという関係を対立しない関係へと「戻す」（あるいは「修復する」）という関係づけである。あきは、「自分

は、本来は良い子どもなのだ」という自己認識を、また「自分は良い子どもになりたい」という思いを、確証―実現するために、対立し挫くという関係を「戻す」所の、「取った型抜きを返す」と関係づけを、自分から選び、実行に移していくのである。

　それゆえ、あきが型抜きを返した時、そしてそのことによって相手の子どもがその型抜きを使う時、あきは、「自分は、『自分は本来良い子どもである』という自己認識を確証しようとして（あるいは『自分は良い子どもになりたい』という思いを実現しようとして）対立し挫くという関係を修復する所の「取った型抜きを返す」ということを選び、実行に移す自分になった（自分へと成長した）のだ）」そして、そのことにより、「『自分は本来良い子どもである』という自己認識を、また『自分は良い子どもになりたい』という思いを、確証―実現したのだ」と自己認識するだろう。

　あきがこのように自己認識する時、大きな喜びにつつまれる。

第3節　ゆうだい　3歳児クラス　6月

　次に、ゆうだいという子どもが、3歳児クラス、6月の時点で、友達と汽車ごっこを始める。そして汽車ごっこを続けるなかで、材料などが不足する場面に入ってしまう。そこで、ゆうだいが……気づき……あることをしようとする、という事例を取り上げる。この事例は、香川大学教育学部付属幼稚園「第44回研究発表会研究紀要」に載せられている事例である。最初に、ゆうだいの担任保育者が書いている事例を、まず、引用する。そして次に、この事例に関する筆者の考察を書く。

　幼稚園。3歳児クラス。6月29日。「2人のゆうだい（苗字は違うが、名前は2人とも「ゆうだい」という子ども。以下、ゆうだい、Ｏ・ゆうだいと表記している―引用者注）とだいちがダンボールの中に入って汽車ごっこを始めた。それぞれが運転手になりたくて『あっちへ行く』『こっちへ行く』と言って譲らない。私（ゆうだいたちの担任保育者―

引用者注）が『順番にしよう』『あっちにもまだ汽車があるよ』と言っ
ても全く耳を貸さない。そのうちダンボールが破れ始めた。『汽車が破
れちゃうよ』と言うと、ゆうだいが渋々『じゃ、ぼく後からでいい』と
いう。思いがけない言葉。O・ゆうだいが1番に運転手になる。」[2]

　ゆうだいは、4月上旬、幼稚園の3歳児クラスに入園してきた。入園
周知会の時、たまたまO・ゆうだいと席が隣合い、「2人ともミニカー
が大好きで意気投合し」、幼稚園で「O・ゆうだいと再会すること」を
楽しみにしていた。入園後の5月中旬には、ゆうだいは、集まり時には
O・ゆうだいの隣に必ず座ろうとし、遊ぶ時にはO・ゆうだいと「一緒
に楽し」んだ。ゆうだいは、O・ゆうだいと一緒に遊ぶ楽しさを味わう
ことにより、O・ゆうだいとさらに一緒に遊びたいと思うようになり、
朝登園する時も、「『ゆうだい君、まだかな』と言って」[3]待つように
なってきた。
　6月29日。この日、ゆうだいは、O・ゆうだいやだいちとともに、ダ
ンボール箱を汽車に見立てて、汽車ごっこを始める。この時も、ゆうだ
いは、一緒に遊びたいという強い思いをもって汽車ごっこを始めたので
はないかと思われる。
　そして、ゆうだいは、O・ゆうだい、だいちとともに、運転手の役割
を取ろうとする。
　この時期の子どもの多くは、既に述べたように、「自分はいろいろな
ことができる大きい自分である」と思っている。また「いろいろなこと
ができる大きい自分になりたい」と思っている。この時期の子どもに
とって、母親、父親は、また医者、看護師、教師、保育士、運転手など
は、さらにテレビアニメに登場するウルトラマン、ゴレンジャーなどは、
「何でもできる大きい人」と見えてきている。自分の憧れの存在。自分
がそのようになりたい存在である。それゆえ、子どもの多くは、汽車
ごっこをしようとする時、乗客ではなく運転手の役割を取ろうとする。
　ゆうだいたちも例外ではない。ゆうだいも、そしてゆうだいだけでは

なくO・ゆうだいも、だいちも、運転手の役割を取ろうとする。そして、運転手の役割を取って汽車を運転していこうとする。

　しかし、3人ともが運転手の役割を取って汽車ごっこをしようとすると、困ったことが起きてくる。3人ともが自分の思う方向に汽車を運転していこうとするので、汽車はあっちに行ったり、こっちに行ったりする。行き先が定まらず、それゆえ、一緒に汽車ごっこをする楽しさを味わうことができない。さらに、ダンボール箱が破れてしまう。ダンボール箱が破れてしまい、一緒に汽車ごっこを続けていくことができなくなる。

　しかし、当のゆうだいたちは、このことに前もって気づくことはない。ダンボール箱が実際に破れ始めてはじめて気づくのである。

　一方、保育者は、皆が運転手の役割を取って汽車ごっこをすると、ダンボール箱が破れてしまうことをこれまでに経験してきているので、このことに、前もって、つまり実際にダンボール箱が破れ始める前に気づく。このことに気づくと、保育者は、ゆうだいたちに対して、「ダンボール箱が破れてしまわないよう、前もって解決することを促したい」と思う。そこで保育者は、自分自身でまず、ダンボール箱が破れてしまわいようにするにはどうしたらよいか考える。そして、3人ともが運転手の役割を取るのではなく1人だけが取るということ、そしてその時運転手の役割を取りたいという思いの実現が両立するよう、順番に取るということを考え出す。そして、ゆうだいたちに、前もって解決するよう促そうとして「順番にしよう」と言葉をかける。

　しかし、ゆうだいたちは、そのことに「全く耳を貸さない」。ゆうだいたちが耳を貸さないのは、3人ともが運転手の役割を取って汽車ごっこをするのは初めてであり、このようなことを続けるとダンボール箱が破けてしまい汽車ごっこができなくなるという経験をしてきていないからである。もしこのような経験をしているならば、このようなことを続けるとダンボールが破けてしまうということを前もって予測することができる。それゆえ、保育者の言葉の意味を理解し受け入れることができる。だが、ゆうだいたちが耳を貸さないのはこれだけではない。保育者

が解決を促そうとして「運転手の役割を取ることは1人だけにしよう」と言葉で伝える、その時ゆうだいたちは、3人ともが運転手の役割を取り、そして自分の思う方向に汽車を進めていくことに夢中になっているからであると考えられる。運転手の役割を取り自分の思う方向に汽車を進めていくことに夢中になっている時、保育者の、「運転手の役割を取ることを1人だけにしよう」という言葉は受け入れることができないのである。

ゆうだいたちは、受け入れない。耳を貸さない。あくまで運転手の役割をとり、自分の思う方向に汽車を進めていこうとする。

しかし、そのようにしていくと、とうとうダンボール箱が破れ始める。ダンボール箱が実際に破れ始めて初めて、このまま進めていったらダンボール箱が破れてしまい、汽車ごっこを続けられなくなる、ということに気づく。保育者が前もって気づき、このことがおきてしまわないよう「1人にしよう」と言葉で伝えていたのだが、その保育者の言葉によっては気づかない。ダンボール箱が破れるということを実際に経験して初めて気づくのである。ゆうだいは、一緒に遊びたい、一緒に遊ぶ楽しさを味わいたい、という強い思いをもって汽車ごっこを始めたので、一緒に汽車ごっこを続けられなくなると気づくと、「汽車ごっこを続けたい！」と強く思う。そして、汽車ごっこを続けていくためにはどうしたらよいのか——保育者から伝えられるのではなく——自分から、考えていこうとする。

ゆうだいは、一緒に汽車ごっこを続けていくためにはどうしたらよいか考えていこうとして、「なぜダンボール箱が破れ始めたのか」その理由を振り返って捉えようとする。ダンボール箱が破れ始めたのは3人ともが運転手の役割を取ろうとしたからであると気づく。そこで、ゆうだいは、一緒に汽車ごっこを続けていくためには、「3人ともが運転手の役割を取るのでなく1人だけが取る」ということを考え出す。

そして、運転手の役割を取るのは1人だけにしようとして、1人の子どもの思いの実現と他の子ども思いの実現が両立するよう、運転手の役

割を順番にとっていくということを考え出す。

　さらに、ゆうだいは、運転手の役割を順番に取ることについて、自分は「後でいい」ということを考えだし、2人に伝える。

　ゆうだいから伝えられた2人は、ゆうだいの解決策を受け入れる。そして、O・ゆうだいが運転者の役割を取り、ゆうだいとだいちが乗客の役割を取って、汽車ごっこを再び続ける。

　ゆうだいは、一緒に遊びたいという強い思いをもって、この汽車ごっこにかかわっている。

　ゆうだいは、実際にダンボール箱が破れて初めてこのままでは一緒に遊べなくなるということに気づく。一緒に遊ぶためにはどのようにしたらよいか考え、運転手の役割は1人だけが取ること、自分の思いの実現と相手の思いの実現が両立するよう順番に取ること、自分は後でよいということ、これらを考え出し、2人に伝える。それゆえ、ゆうだいが、一緒に遊ぶことができる時、「自分は、友たちと一緒に遊ぼうとして、気づき、考え、考えだし、伝える自分になった（自分へと成長した）のだ。そして、そのようにして、友たちと一緒に遊ぶことができる自分になった（自分へと成長した）のだ」と自分を認識するだろう。ゆうだいがこのように自分を認識する時、ゆうだいは大きな喜びにつつまれる。

　ゆうだいがこのように自己認識し喜びにつつまれる時、ゆうだいの心のなかに、「自分は――友達と一緒に遊ぼうとして――もっと気づき、もっと考え、「運転手の役割は1人だけが取るということ、順番に取るということ、自分は後でよいということ」などをもっと考え出し、もっと伝えたい」、そして、「もっと友達と遊ぶことができるようになりたい」という思いが湧いてくる。

第4節　あき　3歳児クラス、4歳児クラス

　次に、あきという子どもの、3歳児クラス7月から、4歳児クラス4月、5月、7月、そして10月に至る一連の事例を取り上げる。あきとい

う子どものこれら一連の事例は、「保育実践：あきの思いに寄り添って
（1）」および「保育実践：あきの思いに寄り添って（2）」に載せられ
ている。

1　あき　3歳児クラス　7月

　これらの事例のうち、最初の事例（3歳児クラス7月）は、既に本節
で取り上げているのだが、あきの3歳児クラス7月の時点での姿を捉え
るために重要であるので、再度取り上げたい。しかしそのさい、事例に
関する筆者の考察は省き、事例のみを取り上げる。

　「1人の女の子と私（担任の保育者―引用者註）が、小麦粉粘土をの
ばして型抜きをしていた。そこに砂場遊びを終えてあきが保育室に戻っ
てきた。『おもしろそうやな。私もしよう』と小麦粉粘土をのばしだす
あき。女の子が星型の型抜きをしているのを見ていたかと思うと、それ
を無言で取ってしまった。女の子も怒ってうばい返す。2人の間で『私
ので！』『私のや！』と取り合いが続く。2人に他の型抜きを差し出し
たところでおさまらないだろう、どのように2人を落ち着かせようと私
が言葉を探していると、『あきちゃんは、幼稚園で一番悪い子です。い
じわる子、いじわる子！』と、女の子が叫んだ。すると、あきは『私は
いじわるでない』と泣きながら型抜きを投げて返す。」[4]

2　あき　4歳児クラス　4月

　「登園後、病院ごっこコーナーの変化に気づいた3人の女の子たち。
『うわー注射や！私は看護婦さん（なる）』『じゃ私はお母さん』『私は何
になろうかな？看護婦さんしたいな』『いいよ』と、3人の中で役割が
スムーズに決まりそれぞれが自分のしたい役割になり楽しそうに病院
ごっこ遊び始める。そこに雨が降り始め戸外遊びをしていたあきが、保
育室に戻ってきた。下駄箱に靴を入れようとしていたが、病院ごっこの
新しい遊具が目に止まったのかあきは靴をしまわず、あわてた様子で飛

び込んできた。そして病院ごっこコーナーに両手を広げて立ち『だめ！
私がいいというまでさわったらだめ』と叫ぶ。一人の女の子が『どうし
て？私たち、遊んでるのに』と反論。すると『だめなものはだめ！』と
遊具の上に覆いかぶさるあき。3人もどうにかして遊具を取ろうとする
が、あきは取られないように手を広げて『とったらいかん！』と叫ぶ。
3人は唖然とした表情であきを見ていたが、すぐに『ままごとしょう』
とその場を離れていってしまった。その様子を少し離れたところから見
ていた仲良しの男の子が近づいてきて『あきちゃんて悪いな』と言う。
『なにが悪いんよ？それより、私と一緒に病院ごっこしようよ』と男の
子を誘う。『いや。ぼくは、せん（しない）』と男の子はあきの遊びを傍
観する。あきは『注射しましょうか』『お熱は？』と、一人で言いなが
ら新しい遊具を一通りさわって一人で病院ごっこを始める。あきは、自
分のすぐ横でままごと遊びをしている3人のほうを横目でちらちら見て
いる。（あきの遊びとは対照的に病院ごっこの横のままごとコーナーで
は、楽しそうに遊ぶ3人の姿が見られる）あきは、大きなため息をつく
と『ねえ、一緒に遊戯室行ってボールしよう』とその男の子を誘った。
今度は『いいよ』と男の子はあきを受けいれ、2人でボールをもって遊
戯室に走っていった。」[5]

　4歳児クラスに進級した4月のある日、あきは、戸外で、1人、自分
の好きな遊びをして遊んでいた。雨が降ってきたため保育室に入ろうと
して、3人の女の子が病院ごっこをし、新しい玩具（注射器、聴診器な
ど）を使っているのを見た。あきは、「自分も病院ごっこをしたい」「そ
の玩具を使いたい」と思った。あきは、その思いから、保育室に飛び込
み、「病院ごっこコーナーに両手を広げて立ち『ダメ！私がいいという
までさわったらだめ』と叫ぶ」。3人は、既にそれを使って遊んでいたの
で、「『どうしてよ、私たち、遊んどのに』と反論」し、取り返そう
とする。が、あきは、「手を広げて……『とったらいかん』と叫ぶ」。

　あきは、3歳児クラス、7月の時点で、友達と一緒に遊ぼうとして、

知らぬ間に「材料などが不足する場面に入ってしまい」、型抜きを取り合うということをしていた。しかし、4歳児クラスに進級した4月、友達と一緒に病院ごっこをしようとして──やはり知らぬ間に「材料などが不足する場面」に入ってしまい──新しい玩具を取り合うことになる。

　あきに玩具を取られてしまった3人は、自分の思いの実現が挫かれた、と感じる。怒り・攻撃性が湧いてきて、取り返したいと思う。しかし、3人は、この4月、4歳児クラスに入園してきたばかりの子どもであるので、あきをまだよく知らない。また、3歳児クラスから進級してきたあきには、遠慮がある。そこで、あきから取り返すことをあきらめる。だが、自分の思いが挫かれたことを受け入れることはできないと感じる。それゆえ、一緒に遊びたくないと思う。そこで一緒に遊んでいるその場面を離れ、別の場所でままごと遊びを始める。

　あきは、玩具を手に入れた。あきは、玩具を手に入れた時、「手に入れた！やった！」と喜んだに違いない。そして、それを使って「病院ごっこをしたい」と思う。あきは、3歳児クラスで友達と遊び、友達と一緒に遊ぶ楽しさを──たとえわずかであっても──味わってきている。そこで、この病院ごっこも、友達と一緒に遊びたいと思う。しかし、さきほどの3人はその場を離れ、別の場所で遊んでいる。3歳児クラスから仲良しである男の子どもがたまたまその様子を見ていた。あきは、その子を「病院ごっこをしよう」と誘う。が、断られる。友達と一緒に遊びたいのだが、結局、1人で遊ばざるをえなくなる。あきは、「注射しましょうか」「お熱は？」と奪ったその玩具を使いながら、1人、病院ごっこをして遊ぶ。しかし、自分が使いたかった玩具を使って遊んでいるので楽しいはずであるのだが、楽しさは感じられない。むしろ、寂しさ、むなしさを感じる。あきは、少し離れた所で一緒に楽しそうに遊んでいる3人の様子を「横目でチラチラ」と見る。その楽しそうな様子を見ると、さらに寂しさ、むなしさを感じる。あきは「大きなため息」をつく。そして、1人でその病院ごっこをすることを、やめてしまう。

　あきは、このように、1人で遊ばざるをえなくなり、1人で遊ぶこと

がいかに楽しくないか、むしろ、寂しさ、むなしさを感じる、ということを実感させられる。1人で遊び、1人で遊ぶ寂しさ、むなしさを実感することによって、あきは、「友達と一緒に遊びたい！」と、さらに強く思うようになる。

　あきは、ここでさらに強く思うようになった「友達と一緒に遊びたい」という思いを胸に、このあと、いろいろな友達にかかわっていこうとする。

3　4歳児クラス　5月

　「5月の親子木工教室の後、木工遊びに興味を持つ子が見られるので、木工コーナーを保育室前に作った。カンカンと釘と木に格闘する子どもたち。『キリンみたいやろ』『これはワニに見える』と木ぎれで構成遊びが始まる。『本当やな！ワニみたいや』と子どもの思いを受け止めイメージが実現できるように手助けしながら一緒にする。『先生、A（男児）くんと何しょん？』とあきがのぞきに来る。あきも木工遊びに誘うが『私は色水するわ』と自分のしたい遊びをする。あきは木工遊びに興味を示し、毎日のぞきには来るがすぐに色水遊びや泥だんご作りをしにいく。

　6月になり……

　あき　　　『A（男児）くん、キリンどうやって作ったん？これほしいわ。ちょうだい？』

　A（男児）『いやじゃ、自分で作ればええやんか』

　あき　　　『えー、でもむずかしそうや。作れるかな？』

　しばらく見ていたが、あきは色水コーナーに行って遊ぶ。

　翌々日……

　木工遊びをしているA（男児）の様子を少し離れたところから見ているあき。しばらくして、木ぎれを持ってA（男児）の横に座り『ねえ、どうやってつくればいいの？』と小さな声で聞く。A（男児）もあきを受け入れ、自分の作ったキリンを手渡して見せながら『頭と首の木がい

るぞ』と材料を一緒に探したり、組み合わせたりしてキリン作りを2人でする。A（男児）と同じ材料は見つからなかったが、キリンになるような木を2人で探し出しては組み立てる2人。『これは、小さいで』と、A（男児）が言うと『うん、ほんだら赤ちゃんキリンにするわ』と答えるあきの嬉しそうな顔が見られた。」(6)

　5月の親子木工教室のあと、木工遊びに興味をもつ子どもが見られるので、クラス担任の保育者は木工コーナーを作った。クラスの子どもや保育者がそこでワニとかキリンとかを作っていると、あきも興味を示し『先生、Aくんと何しょん？』とのぞきにくる。

　あきは、3歳児クラス5〜7月ぐらいから、クラスの子どもが〜しているのを見ると、自分もそれをしてみたいと思い、その子どもと一緒に〜するようになってきた。この時のあきも、クラスの子どもや保育者が木ぎれをいろいろな物に見立ていろいろな物を作るのを見て、自分もいろいろな物を作りたいと思う。そこで、毎日のぞきにくることをしている。

　その姿を見て保育者はあきを誘う。が、あきは、木工遊びに興味をもつのだが、つまり木ぎれで何か作りたいと思うのだが、自分から作ろうとせず、それまでしていた色水遊びや泥団子作りに戻っていく。作りたいと思うことと、作ろうとはせずそれまでの遊びに戻っていくことの間を揺れ動く。

　これまでのあきだったら、クラスの子どもが何か作っている、それを見て自分も作りたいと思うと、自分がそれを作ることができるかどうか、あるいは上手に作ることができるかどうか、前もって予測するということはせず、いきなり作っていく、ということをしていた。大人が、「作ることができなかった（上手に作ることができなかった）」と認識、評価するというものでも、あき自身は「作ることができた（上手に作ることができた）」と認識、評価していた。しかし、あきは、ものごとをかなり細かく識別できるようになってきて、大人と同じくらいに細かく、あるいは厳密に、認識、評価するようになってきた。そのため、

これまでは「作ることができた（上手に作ることができた）」と認識、評価していたものを、「作ることができない（上手に作ることができない）」と認識、評価するようになってきた。

　また、あきは、これまでに何度か木ぎれを使って作ることをしたが、作ることができなかった、失敗した、ということを経験してきているのだろう。ここでいざ、木ぎれを使ってキリンを作ろうとすると、キリンを作ることができないのではないか、失敗するのではないか、と不安になる。そこで、自分が今もっている知識や技能で作ることができるのかどうか予測しようとする。そして、予測すると、キリンを作ることはできない、失敗する、と予想される。そのため、実際に作ることへと入っていくことができなくなる。

　あきは、自分もキリンを作りたいと思い、キリンを作ろうとすることと、キリンを作ることができないと予測され、作ることへと入っていけないということ、この間を揺れ動く。あきは、何日もの間、揺れ動き、葛藤する。だが、あきは、揺れ動き葛藤しながら、少しずつ、「キリンを作りたい！」という思いを強めていく。しかし、「キリンを作りたい！」という思いを強めれば強めるほど「キリンを作りたい」ということと「作ることへと入っていけない」ということとの葛藤は激しくなる。あきは、激しく葛藤しながら、葛藤を解決するためにはどうしたらよいか、考えていく。あきが考えだしたそれは、「キリンを作る。だが自分はキリンを作ることに入っていけない。そこでAくんにに教えてもらいながらキリンを作る」というものである。あきは、6月のある日、「木工遊びをしているの様子を少し離れた所から見ていた」。が、意を決して、「木ぎれをもってAの横に座り、『ねえ、どうやってつくればいいの？』」と小さい声で聞く。

　これまで、あきは、自分が〜を作りたいと思うと、その思いを一方的に実現しようとしていた。だが、あきは、ここで、相手の子どもがどのように作ろうとするか理解し相手に教えてもらいながら作るということを考え出す。つまり、これまでの、〜を作りたいと思うとその思いを一

方的に実現しようとするということから、相手の子どもがどのように作ろうとしているか理解し教えてもらいながら作るということへと転換させる。

　あきは、6月のある日、「木ぎれをもってAの横に座り、『ねえ、どうやってつくればいいの』？」と作り方を教えてくれるように頼む。Aは、あきの頼みを受け入れる。Aが受け入れる時、あきは、「自分は、自分の頼みがAによって受け入れられる自分である」と認識し、安心感を感じる。あきが安心感を感じる時、「Aに教えてもらいながらキリンを自分で作りあげたい！」という思いが、湧いてくる。

　また、あきがAに作り方を教えくれるよう頼む時、Aは、受け入れるだけではなく、あきが自分の力でキリンを作ることができるよう支えるというかかわりをする。あきと一緒に材料を探す時、自分がよいと思った材料をあきに与えるというのではなく、あきと一緒に探し、あきが自分で材料を選んでいくことができるようにする。またあきがキリンを作ろうとする時、作り方を一方的に指示するというのではなく、自分の作ったキリンをあきに手渡し、あきがそれを見て自分からどのように作ったらよいか理解し、そしてその理解に基き自分で作っていくことができるようにする。

　このように、Aが、受け入れ、また支えるということをすることにより、あきは、自分の力でキリンを作り上げることできる。

　あきが、自分の力でキリンを作ることができた時、あきは、「自分は、Aによって受け入れられる自分である」と認識し、喜びを感じる。また「自分は、Aによって、支えられて、自分の力でキリンを作ることができた（できる自分になった）」と認識し、喜びを感じる。

4　4歳児クラス　7月

　「あきは『B（女児）ちゃん、おはよう。私なカメラを作りょんで。カバンしまったらここに来て』とテラスで登園してくるB（女児）やC（女児）に声を掛ける。C、Bが木工のところに来ると、あきは『かな

づちはここにあります。ボンドはここ。これは釘抜きで釘を打って。こうやって……』としゃべりかけながら、釘を抜く動作をして見せる。C・Bから『そんなこと、知っとるよ』と言われた。あきは『はいはい。そうだったね。作り方わからんかったら教えよか』と笑いながら2人に話しかける。Cは『今、私は木をさがしょん（探してる）』と言いながら、B（女児）と一緒に木ぎれを探す。あきは2人が選ぼうとする木を見て『それはだめ！』『そんな形はちがう』『あっ、その木もいかん』と言う。Bは『あきちゃんはうるさいな』Cも『ちょっとだまっとって。うるさいな』と言う。あきは『はいはい。ごめんなさい』と笑いながら2人についていく。私は、Bたちに自分のイメージする木を見つける時間を取らせたいと思い、あきに彼女の作ったカメラを手渡し『あきちゃん、このカメラでCちゃんたちを写してあげれば？』と言葉をかけた。あきは『そうだった。はい、こっち見てパッチリ』と写真を撮る真似をする。すると、Cが『わぁ！カメラや。あきちゃんうまいやん』と誉める。あきは『そうやろ。これは私が1人で考えたんで！上手でしょ』と、自分が作ったカメラを手にして『○○ちゃん写真撮るよ。ハイ、パチッ』と言いスキップしながら次々と友達を撮りに行く。それを見ていたD（女児）が『それ、どうやってつくったん？私も作りたい』とやってきた。『いいよ。教えてあげる。まず四角い木を探して……丸い木もいるよ。一緒に探そうな』と、嬉しそうにDと手をつないでスキップして木工コーナーに行くあき。それからDと一緒に楽しそうにカメラを作る。」[7]

　あき、ここでは、カメラを、自分が考えた作り方で作り、その作り方をB、Cに教えようとしている。

　あきは、5月、Aが作っているキリンを自分も作りたいと思った。しかし、作り方が分からない。そこで、Aに、作り方を教えてもらいながら、作ろうとした。そして――Aに受け入れられ、また支えられながら――キリンを作ることができた。あきは、「自分は、Aが作っていたキリンを作ることかできた（自分になった）」と認識し、喜ぶ。このよう

に自己認識し、喜ぶ時、あきの心の中に、「Aが作っているものを模倣して作るのではなく、自分でどんなものを作りたいか考え、作りたい」という思いが湧いてくる。また「作り方を教えてもらって作るのではなく、自分でどのように作ったらよいのか考えて作りたい」という思いが湧いてくる。

そこで、あきは、自分で作りたいと考えたものを、自分で考えた作り方で作ろうとする。あきにとって、自分で作りたいと思うものはカメラであった。あきは、カメラを、自分で考えた作り方で作ろうとする。そして、あきは、カメラを、自分で考えた作り方で作ることができた。あきは、「自分は、自分が作りたいと思ったカメラを、自分で考えた作り方で作ることができるようになった（できる自分になった）」と自己認識し、喜ぶ。このように自己認識し、喜ぶ時、あきの心の中に、「自分は、自分の作りたいと思ったものを自分で考えた作り方で作った。そこで、次に、その作り方を誰かに教えたい」という思いが湧いてくる。

そこで、あきは、カメラをまず見せ、次に、その作り方をB、Cに教えようとする。教えようとして、木工コーナーに誘う。2人が木工コーナーにくると、「かなづちはここにあります」と言い、また、「こうやって」と釘を抜く動作をしてみせる。だが、B、Cは既に釘の抜き方は知っている。そこで、「そんなこと知っているよ」と言う。あきは、それに対して、「はいはい。そうだったね」と一度受け入れ、そのあともう一度「作り方が分からなかったら教えようか」と言う。

Cが、「今私は木ぎれを探している」と言い、Bと一緒に木ぎれを探し出す。あきは、自分がこれまでに考えたカメラの作り方を教えたいと思っており、また、カメラを作るためにはどのような形や大きさの木ぎれがよいか知っているので、B、Cが探し出した木ぎれを見て、ついつい、「それはだめ」「そんな形は違う」「あ、その木もいかん」と言ってしまう。もちろん、このように言ってしまうことは、あきだけが行うことではない。子どもの多くが、人に教えようとするさい、特にはじめて教えようとするさい、言ってしまうことである。だが、言われたB、C

にとっては——どんなものを作りたいか自分で考えたい、またどのように作ったらよいか自分で考えたいと思っているので——うるさいだけのことである。Bは「あきちゃんはうるさいな」と言い、Cも「ちょっとだまっとって。うるさいな」と言う。それに対して、あきは、「はいはい。ごめんなさい」と言う。これまでのあきであれば——あきのクラス担任の保育者が書いているように——「どうして『うるさい』と言われないかんの」[8] と怒っただろう。しかし、あきは、その言葉を受け入れ、自分から「ごめんなさい」と言う。あきは、自分は「今、B、Cにカメラの作り方を教えている」と自己認識し、その喜びで一杯になっている。このことが、B、Cの「あきちゃん、うるさいな」と言うことを受け入れさせることになっているのだと思われる。

　保育者が、B、Cに「自分のイメージする木を見つける時間」を取ることができるようにと考え、あきに、「このカメラでCちゃんたちを写してあげれば？」と声をかける。あきは、それを受け入れ、写真をとる真似をする。それを見ていたDが、「それどうやって作ったん？。私も作りたい」とやってきた。あきは、「いいよ、教えてあげる」と言い、「まず四角い木を探して……丸い木もいるよ。一緒に探そうな」とDと手をつないで木工コーナーにいく。そしてDに教え、Dと一緒にカメラを作る。Dは、あきが教えることにより、カメラを作ることできる。

　あきは、5月、Aの作っているキリンを自分も作りたいと思った。しかし、作り方が分からない。そこで、Aに作り方を教えてもらいながら作ろうとした。そこから出発して、「自分が作りたいと考えたものを作りたい、自分が考えた作り方で作りたい、そして、さらに、その作り方を誰かに教えたい」と思うようになり、そして、Dに教えることができた。あきは、「自分は、どんなものを作りたいか自分で考え、どんな作り方をしたらよいか自分で考えて、作り、その作り方をDに教えることができる自分になった（自分へと成長した）」と認識し、喜ぶ。あきは、「作りたいものを自分で考えて作ること」に、また「その作り方を自分で考えて作ること」に、さらに「その作り方を教えること」に、大きな

自信を得たということができる。

　あきが、このように自己認識し喜ぶ時、あきの心の中に、「自分は、もっと作りたいものを自分で考えて作りたい、もっとその作り方を自分で考えて作りたい、そして、もっとその作り方を教えたい」という思いが湧いてくる。

5　4歳児クラス　7月

　「プール遊びの後、お茶を飲みながら、あきは私にプールでワニ歩きをしておもしろかったことや顔に水がかかっても平気だったことなどを嬉しそうに話していた。その間に保育室では休息を終えた人たちから、魚釣り、パッチンカーなど思い思いの遊びが始まっていた。あきは『私も遊んできます！（中略）』と私の方を振り返りながら水筒を片づけにいく。水筒を片づけながら、横の病院ごっこコーナーが気になる様子のあき。そっと病院の入り口ドアに近づき、体を半身だけドアから出し友達が遊んでいる様子をしばらく見ていた。そこにはD（女児）・C（女児）・E（女児）・F（女児）たちが遊んでいた。

　あきは『よせて』とそっと声をかけた。D（女児）、C（女児）、E（女児）が一斉に『いいよ』と応えたのであきは安堵した表情であった。あきは『私、何になろうかな？みんなは何しょん？』ゆっくりと見回して訊ねる。D（女児）が『私たち、看護婦さんなんやな』と言う。E（女児）とC（女児）も顔を見合わせてうなづく。F（女児）『私はお母さん、赤ちゃん　熱があるの』とだっこしている人形を見せる。あきは腕組みして『ふ〜ん』と、にっこり笑いながら答える。（あきはきっとお医者さん役割になりたかったので嬉しかったのだろう）あき『じゃ、お医者さんはいないわけ？それじゃ、私、お医者さんになってもいい？』D（女児）、F（女児）が『ええよ』と答えると、あきは『じゃみんなにしらせなきゃ』と電話に耳を当て『今日から病院にお医者さんができましたから、病気の人はきてください』と、大きな声で回りの子どもに呼びかける。その声を聞いてF（女児）がやって来て『昨日からこの子、熱があるんです』

と赤ちゃんをベッドに寝かせる。あきは『はいはい、わかりました。これは風邪ですね。注射をしますね』ととても嬉しそうに応対をする。D（女児）が『注射ですね』と注射器を取ろうとすると『私がする』とあき。『私は、看護婦さんなんだから』『私はお医者さんなんだから』と2人で注射器の取り合いをする。2人とも譲らない。しばらくその様子を見ていたC（女児）が『ジャンケンしなよ！』と大声を出す。2人は渋々ジャンケンをしあきが勝った。あきは嬉しそうに注射をする。D（女児）も『次は私に注射させてよ。あきちゃん』と負けたことを受け入れる。あき『はいはい、わかったよ』とにっこり笑いながら答える。」(9)

　この日、保育室の病院コーナーでは、4人の女の子たちが病院ごっこをしていた。その様子を見て、あきは、自分も病院ごっこをしたい、そしてできれば自分がしたいと思っているお医者さんの役割を取りたい、と思う。

　この、病院ごっこをしたい、お医者さんの役割を取りたいという場面は──他の子どももお医者さんの役割を取りたいと思っていると考えられるので──「材料などが不足するという場面」である。あきのお医者さんの役割を取ろうとすることと他の子どものお医者さんの役割を取ろうとすることは、対立する。さらに、あきが、あくまで取り合うことを続け、一方的に取ってしまうことをするならば、相手の思いの実現を挫く、という関係になる。

　これまでのあきは──「3歳児クラス、7月」の事例、「4歳児クラス、4月」の事例に見ることができるように──このような場面に入り、「～の役割を取りたい」と思うと、その思いから一方的に取るということをしていた。また、取り合うことをやめてしまうのではなく、取り合うことを続け、一方的に取ってしまい、相手の思いの実現を挫く、ということをしていた。

　あきは、ここでは、友達と一緒に遊びたいと強く思っているようになっている。友達と一緒に遊びたいと強く思うようになっているので、友達と一緒に遊ぶためには、どのようにかかわればよいか考えようとす

る。あきは、考えようとして——自分の思いの実現と他の子どもの思いの実現が対立し、挫くのではない関係、つまり、「まず相手の子どもがどんな役割を取っているのか理解する、そして相手の子どもがまだ取っていない役割を受け入れ、自分の役割として取る、ということ」を考え出す。

あきが、このようなことを考え出す、その背景は何であろうか。

あきは、3歳児クラス、7月、4歳児クラス、4月——自分の思いの実現が他の子どもの思いの実現と対立し挫く、という場面において——自分の思いを実現しようとして、一方に取ってしまうということをした。自分の思いを実現しようとして一方的に取ってしまうことは、他の子どものそれを使いたいという思いを挫くことになるので、他の子どもはもはやその子どもと一緒に遊ぼうとしなくなる。そこで1人で遊ぶ。1人で遊ぶが、1人で遊ぶと寂しい。そこで、一緒に遊びたい強く思うようになった。

あきは、このことから、一緒に遊びたいと強く思うようになり、そして一緒に遊ぶためには、自分の思いを実現しようとして一方的に取ってしまうことを抑制しなければならないと思うようになったのではないだろうか。しかし、それだけでなく、自分の思いの実現と他の子どもの思いの実現が対立し挫くのではないかかわり（関係）を考えなければならないと思うようになったのではないだろうか。

また、あきは、4歳児クラス5月に、相手の子どもがどのようにしているのかまず理解し、相手から教えてもらうという仕方で相手のしていることを受け入れると、一緒に遊ぶことができるようになるということを経験している。この経験から、あきは、相手の子どもがどんな役割を取っているかまず理解し、そして相手がまだ取っていない役割を取る、ということを考え出したのではないだろうか。

あきは、このように、一緒に遊ぶためには、相手の子どもがどんな役割を取っているのか理解し、まだ取っていない役割を取る、ということを考え出す。そしてそれを実行に移す。あきは、「みんな何しよん」と

聞く。4人は、「わたしたち、看護婦さん」、「わたしはお母さん」と答える。これを聞いてあきは、自分が取りたいと思っていたお医者さんの役割をまだ誰も取っていないということを知る。あきは、嬉しかったに違いない。「にっこりと笑う」。そして、あきは、まだ誰も取っていないお医者さんの役割を取ろうとする。

あきがお医者さんの役割を取ろうとすることは——相手の子どもにどんな役割を取っているのか聞き、まだ取っていない役割を取るという仕方で取っているので——4人から受け入れられる。あきが「わたし、お医者さんになっていい」と聞くと、「いいよ」と答える。

4人から受け入れられることにより、あきは、実際にお医者さんの役割を取り演じる。お母さん役割を取ったFが、「昨日からこの子、熱があるんです」と赤ちゃんをベッドに寝かせる。お医者さんの役割を取ったあきが、「これは風邪ですね。注射をしときますね」と注射する。あきは、友達と一緒に遊ぶことができる。

あきは、一緒に遊びたいという強い思いを胸に、この病院ごっこにかかわってきた。一緒に遊ぶためにはどのようにかかわったらよいのか、考え、自分の思いの実現と相手の思いの実現が対立し挫くのではない「相手の子どもがどのようにしているのか理解し相手の子どもがまだ取っていない役割を取る」ということを考えだし、実行に移した。それゆえ、あきが、お医者さんの役割を演じる時、また一緒に遊ぶ時、「自分は、考え、『相手の子どもがまだ取っていない役割を取る』ということを考え出し、実行に移す自分になった（自分へと成長した）」。そして「一緒に遊ぶことのできる自分になった（自分へと成長した）」と自分を認識する。あきがこのように認識する時、大きな喜びにつつまれる。

6　4歳児クラス　10月

「G（男児）・H（男児）・I（女児）が3人でビー玉ころがしをしている様子をゴールの所に座って、しばらく見ているあき。あきは友達のビー玉がゴールまで転がってくると『○○ちゃん、大成功。やったね』

と拍手をする。途中でビー玉が落ちると『残念！墜落しちゃったね』と
声をかけたり、ビー玉を拾い友達に渡してあげている。

　　G（男児）　　『競争しょうよ』
　　H（男児）　　『どよんするん？』
　　G（男児）　　『みんなで一緒にころがすんや』
　　I（女児）　　『私も入れて』
　　G（男児）・H（男児）『いいよ』
　3人が同時に転がそうとするが、なかなかスタートがそろわない。
　　G（男児）　　『みんな早すぎ。いっしょにスタートして』
　3人の様子を見ていたあきが『いいこと考えた！』と製作コーナーに
走っていった。
　しばらくして『みんなこれ見て』と、広告紙で巻き棒を作り、それに
白画用紙を四角に切って旗を作って来たあき。
　　あき　　　　『私がよーいドン言うたら転がしてよ』
　　G（男児）　　『あきちゃん、ええこと考えたな、すごいやん』
　　あき　　　　『そうやろ』と、嬉しそうに笑う。
　あきの『よーいドン』の合図に合わせて3人が一斉にビー玉を転がし
て遊ぶ。3人のビー玉がいろいろな動きをするのが、おもしろいようで
転がる様子を見て歓声をあげていた。あきの合図に合わせて、繰り返し
て遊びを楽しむ4人の姿が見られた。」(10)

　G、H、Iの3人がビー玉を転がす遊びをしている。あきは、その様
子を見て、友達がどんな遊びをしているか、どんな役割をどのようにし
ようとしているか、理解しようとする。
　これまでのあきだったら、やはりこうした場面に入ると、ビー玉遊び
をしたいと思い、その思いから一方的に取るということをしていただろ
う。だが、ここでは、そうではない。7月の場面と同じように、一緒に
遊ぶためにはどのようにかかわっていったらよいのか、考えようとす
る。──ビー玉を転がす役割を取りたいと思って一方的に取っていくと

いうことを抑制し——相手の子どもがどんな遊びをしているのか、どんな役割をどのようにしようとしているのか理解しようとする。

　あきが、ここで、このようにする背景は何であろうか。やはり、4歳児クラス7月の経験であろう。ここで、あきは、自分の思いの実現と他の子どもの思いの実現が対立するのではない関係、つまり、「まず相手の子どもがどんな役割を取っているのか理解する、そして相手の子どもがまだ取っていない役割を自分の役割として取るということ」を考え出し、一緒に遊ぶことができるようになる。そこで、この場面では、相手がどんな遊びをしているかどんな役割をしているのかまず理解しようとするのである。

　あきが、友達がどんな遊びをしているかどんな役割をしているのか見ていると、3人はビー玉をどれだけ遠くに転がすことができるか競争することを始める。競争するためにはビー玉を転がすさいのスタートを揃えなければならないが、なかなか揃わない。Gがそれに気づいて「みんな早すぎ、いっしょにスタートして」と言う。この様子を見て、あきは、この問題を解決するためにはどうしたらよいか考える。テレビなどで旗を振ってスタートを合わせるという場面を見ているのだろう。「旗を振りそれを合図としてスタートを合わせる」ということを考え出す。

　これまでは、あきが自分の思いを実現しようとしてある役割を取ろうとすることと相手が自分の思いを実現しようとしてある役割を取ろうとすることは、対立し挫くという関係にあった。しかしこの旗を振ってスタートを合わせるという役割を取ることは——相手の子どもたちのスタートが合わないという問題を解決する役割であるので——自分の思いの実現が相手の思いの実現と対立し挫くという関係には、ならない。むしろ、相手の役割（ビー玉を転がす競争をする）の遂行を助けるという関係になる。あきは、ここで、自分の思いの実現と相手の思いの実現が対立し挫くのではなく、むしろ相手の役割の遂行を助けるという役割を取ることを考え出したのである。

　あきは「いいこと考えた！」と言う。まず旗を作る。そして、自分が

考えだした旗を振ってスタートの合図をするという役割を取ろうとする。あきは「私がよーいドン言うたら転がしてよ」と言う。

　あきが、この役割を取ろうとすることは——自分の思いの実現と相手の思いの実現が対立するでのではない、むしろ、助けるという関係を考え出したので——3人から受け入れられる。Gが、「あきちゃん、ええこと考えたな、すごいやん」と言う。3人から受け入れられたので、あきは、この役割を実際に取り演じる。あきは、旗を振ってよーいドンの合図を送る。3人は、あきの合図に合わせて、一斉にビー玉を転がす。あきは、友達と一緒に遊ぶことができる。

　あきは、ここでも、友達と一緒に遊びたいと思い、一緒に遊ぶためにはどのようにかかわったらよいか考えようとする。あきは、相手の子どもがどんな遊びをしているか、どんな役割をどのようにしようとしているか、まず理解しようとする。そして、あきは、相手の子どもの遊びを見て、スタートが揃わないというとを知る。あきは、この問題を解決するためにはどのようにしたらよいか考える。「旗を振ってスタートを揃える」という役割を考え出す。そしてそれを実行に移し、一緒に遊ぶことができるようになる。

　あきは、一緒に遊ぶことができる時、「自分は、相手の子どもの役割の遂行を助ける『旗を振ってスタートを合わせる役割を取る』ということを考え出し、そして実行に移す自分になった（自分へと成長した）」「そして一緒に遊ぶことのできる自分になった（自分へと成長した）」と自分を認識する。あきがこのように認識する時、大きな喜びに包まれる。

第5節　ツトム　3歳児クラス

　これは、『カラー・フォーカス　3歳児の世界　3歳児のイメージと表現』に載せられている事例である。

　幼稚園。３歳児クラス。「保育室の中に大型のビニール製の積み木が２セットほど置いてあります。子どもたちは自分の積み木を獲得すると、それをいろいろな形に見立て積み変えながら遊びます。（中略）。１人１人が遊んだ後に、各々の積み木は１ヵ所に集まり合体します。そしてまた再び散って行ったかと思うと、糸に引き寄せられるように集まります。こうした合体や分解の動きを作り出しているのは、からだも大きく友達に対して強く言葉で働きかけるツトムです。ツトムは、自分の周りに積み木を少しでも多く獲得したいと思い、みんなの積み木を合わせて形の良いロボットや乗り物を作ろうと考えていたのです。初めのうちは、合体したり分解したりしながら発射して行く事が面白くて子どもたちは仲間に加わっていましたが（中略）。ツトムは、自分の思うような物を作りあげたい。そのためには、積み木が欲しいという気持ちで自分の周りに積み木を夢中で集め始めました。ところが、友達はひとりふたりとその場を離れて行き、ツトムが気がついた時には、大きな基地にポツンと１人で乗っていたのです。その高い所から、ツトムはみんなのようすをじっと眺めるだけでした。しかし、そのままにして帰りたい、明日も続きをしたいと言うツトムの言葉で積み木は片づけずに置きました。

　翌日、ツトムはまたその基地の一番高い所に登りました。なんともつまらなそうで、いつもの元気がありません。そのうちに、積み木を使いたいと言う子どもが出てきました。ツトムの積み木をチラっと見ました。『ずるいよね、自分ばかりであんなに積み木使って』『い〜けないんだ、いけないんだ』『ツトムくんはいけないんだ』と子どもたちは口々にツトムを責め寄ります。今まで力のみで相手を動かそうとしていたツトムがぶつかっていた壁を、友達の方から打ち破って来てくれたのです。１人になっていたツトムに自分だけが獲得していた積み木を友達に譲る事ができるチャンス到来。ツトムは力一杯、自分の基地を崩しました。他の子どもたちも「ワァー」と歓声を上げてそれに加わりました。全くの無の状態から活動が始まりました。みんな１個ずつ積み木を持つと床を滑らせながら動き回ります。（中略）。ツトムの気持ちにも触れ、ツトムも

みんなの気持ちが少し汲めました。今までに見られなかった気持ちの通じ合いが、わずかですが見えるようになって来たようでした。」⁽¹¹⁾

　保育室には大型のビニール製積み木が置いてある。子どもたちは、その中から自分の使いたい積み木を取り、いろいろな形に見立て組み変えながら遊んでいる。しかしそのあと、積み木は１ヵ所に合体する。ツトムが形の良いロボットや乗り物を作ろうと考え、みんなの積み木を集めるのである。ツトムが作り終えると、みんなはまた自分の使いたい積み木を取りいろいろな形に見立てて遊ぶ。このことを繰り返す。

　この日、ツトムは、大きい基地を作りたいと思い、そのために、多くの積み木を夢中で集める。しかし、友達は、１人２人とその場を離れていく。初めのうちは、合体したり分解したりして発射していくことが面白くて、ツトムの合体させることに加わっていたのだが、もうそのことには面白さを感じなくなっている。そして、自分の作りたいものを作りたい、そのため積み木が欲しい、と思うようになってきているので、ツトムが多くの積み木を集めてしまうことを受け入れることはできない。受け入れることができないので、一緒に遊ぼうとしなくなっている。

　ツトムは――積み木を集めるのに夢中になっているので最初は気づかなかったのであるが――気づいた時には「大きな基地にポツンと１人で」座っている。ツトムは、大きな基地を作りたいと思って多くの積み木を集め、そして大きな基地を作り終えたのだから、喜び、楽しさを感じるはずであるのだが、十分な喜び、楽しさを感じない。そして、寂しさを感じる。

　この時のツトムは、自分の作りたいものを作ろうとするだけでなく、友達と一緒に、作ろうとする。つまり、自分の作りたいものを作ろうとするだけでなく、友達と、作っているものに、共感し合ったり、認め合ったりしようとする。ツトムが基地の上に１人座ったとき、ツトムはたしかに基地を作り上げたという喜びは感じることできる。しかし、友達と共感し合ったり認め合ったりする喜びは感じることはできない。これが、その時

ツトムが、十分な喜びを感じることができなかった理由である。

　ツトムは、基地の上に1人座り、そしてそこで寂しさ感じる時、「1人で遊ぶこと（1人で遊ぶ自分）は嫌だ！友達と一緒に遊びたい（友達と一緒に遊ぶ自分になりたい）！」と強く思う。つまり、今の「1人で遊ぶ自分」に対して、「友達と一緒に遊ぶ自分」になろうとする。

　ツトムは、翌日、もう一度基地の1番高い所に登る。しかし、この時も、友達は一緒に遊ぼうとしない。ツトムは、昨日にも増して、寂しさを感じる。ツトムは、基地の上に1人座り、そしてそこで、寂しさを感じる時、ふたたび、「1人で遊ぶこと（1人で遊ぶ自分）は嫌だ！、友達と一緒に遊びたい（友達と一緒に遊ぶ自分になりたい）！」と強く思う。

　「友達と一緒に遊びたい（友達と一緒に遊ぶ自分になりたい）」と強く思うようになったツトムは、その思いを実現しようとする。友達と一緒に遊ぶために、どうかかわっていったらよいか考えようとする。そして、考えようとして、なぜ友達は一緒に遊ぼうとしないのか、その思いを感じ取ろうとする。

　この時、友達は——既に述べたように——自分の作りたいものを作りたい、そのため積み木を使いたい、と思っている。それゆえ、ツトムが多くの積み木を集めることを受け入れることはできないので、一緒に遊ぼうとしないのだ。だが、これだけではない。この時、友達は、「ツトムが多くの積み木を集めることは、自分の積み木を使うことを<ruby>で<rt>○</rt></ruby><ruby>き<rt>○</rt></ruby><ruby>な<rt>○</rt></ruby><ruby>く<rt>○</rt></ruby><ruby>さ<rt>○</rt></ruby><ruby>せ<rt>○</rt></ruby><ruby>て<rt>○</rt></ruby><ruby>い<rt>○</rt></ruby><ruby>る<rt>○</rt></ruby>」と、感じるようになっている。そこで、ツトムを「自分の積み木を使うことを<ruby>で<rt>○</rt></ruby><ruby>き<rt>○</rt></ruby><ruby>な<rt>○</rt></ruby><ruby>く<rt>○</rt></ruby><ruby>さ<rt>○</rt></ruby><ruby>せ<rt>○</rt></ruby><ruby>る<rt>○</rt></ruby>、いけないことをする子ども、ずるい子ども、悪い子ども」と認識する。このように認識すると、ツトムに対する、怒り・攻撃性が湧いてくる。そこで、「自分ばかりあんなに積み木を使って」、「いけないことをする子ども、ずるい子ども、悪い子ども」という言葉を投げかける。

　ツトムは、寂しさを感じる時なぜ友達は自分と一緒に遊ぼうとしないのか感じ取ろうとしているのだが、友達からこの言葉が投げかけられることにより、はっきりと気づかせられる。「友達は、作りたいものを作りたい、

そのため積み木を使いたい、と思っている。しかし、自分が多くの積み木を集めてしまったため使うことができなくなっている。友達はこのことを受け入れることができないので、一緒に遊ぼうとしないのだ」、と。

また、ツトムは、寂しさを感じる時、一緒に遊ぶためにはどのようにかかわっていったらよいか考えようとしているのだが、この言葉によって、次のことを考え出す。「一緒に遊ぶためには、自分の思いだけでなく、友達の、作りたいものを作りたい、そのため積み木を使いたい、という思いも実現できるようにしたらよい。言い換えれば、集めた積み木を崩し、友達も使うことができるようにしたらよい」ということを考え出す。そして、実行に移す。すなわち、自分から「力一杯、自分の基地を崩す」ということをする。

このツトムの自分の基地を崩すという行動を見て、友達は、その時のツトムの思い、すなわち「一緒に遊びたい。そのため自分の思いだけでなく、友達の思いも実現できるようにしたい。そのため基地を崩したのだ」という思いを理解するだろう。そこで、友達は、ツトムが崩した積み木の中から1個ずつ取り、「床に滑らせて」遊ぶ。ツトムも、自分が崩した積み木から取って遊ぶという仕方で、友達と一緒に遊ぶことができる。

ツトムは、友達と一緒に、自分の作りたいものを作りたいと思い、その思いを実現しようとして、夢中になって、多くの積み木を集めた。しかし、友達は一緒に遊ぼうとしない。ツトムは、大きい基地に1人座り、寂しさを感じる。寂しさを感じる時、「1人で遊ぶこと（1人で遊ぶ自分）は嫌！友達と一緒に遊びたい（友達と一緒に遊ぶ自分になりたい）！」と思う。

ツトムは、その思いを実現しようとする。実現しようとして、友達と遊ぶためには、どうかかわったらよいのか、考えようとする。なぜ友達は一緒に遊ぼうとしないのかその思いを理解し、一緒に遊ぶためには「自分の積み木を使いたいという思いだけでなく、友達の積み木を使いたいという思いも実現できるようにする。そのために、集めた積み木

を崩す」ということを考え出し、実行に移す。自分も積み木を使って遊ぶ、友達も積み木を使って遊ぶ、つまり、自分の思いの実現と友達の思いの実現が両立する仕方で、友達と一緒に遊ぶことができる。友達と一緒に遊ぶ自分になる。

この時、ツトムは、「自分は、友達と一緒に作りたいものを作りたいと思い、その思いを実現しようとして、多くの積み木を集めた。友達が一緒に遊ぼうとしなくなり、基地の上に1人座り、寂しさを感じた。『1人で遊ぶ自分』に対して『友達と一緒に遊ぶ自分』になろうとした。」「自分は、その思いを実現しようとし、そのためにはどうしたらよいか考え、考え出し、実行に移した。」「自分は、自分の思いの実現と相手の思いの実現が両立する関係を築き、友達と一緒に遊ぶことのできる自分になった」。このように自己認識するだろう。

ツトムがこのように自己認識する時、ツトムは、大きな喜びにつつまれる。

第6節　E　3歳児クラス　3歳11ヶ月

次に、Eという子どもの事例を取りあげる。「思いやりを育む保育」に載せられている事例である。

「Y君が廊下を走っている。E君はその様子を楽しげに見ている。Y君が廊下に置いてあった箱に足をかけころび、大声で泣く。E君はびっくりした様子で見ていたが、走ってY君のところに行く。Y君の顔をのぞきこんで心配そうな表情をする。Y君はすりむいて血がにじんでいる手を見て、さらに大声で泣く。E君もその表情に反応して泣きそうな表情になる。Y君のまわりをうろうろするが、そっとY君の肩に手をかけ『よしよし』のしぐさをする。Y君の泣き声が少しおさまる。保育者がやってきて『痛かったね』とY君を連れて保健室の方向へ行く。E君はY君の手をしっかり握り共に保健室に行く。」[12]

　Y君が廊下でころび、大声で泣く。E君は、Y君の顔をのぞきこむ。

　この時のY君は、廊下に置いてあった箱に足をかけて転んでしまい、びっくりしているのだろう。また、手に血がにじんでいるのを見て、怖さを感じているのだろう。E君は、Y君をのぞき込む。Y君をのぞき込むことによって、Y君が感じていることに直に触れ、その驚き、その怖さを感じ取る。E君自身も、「泣きそうな表情」になる。これは、「思いやり」と呼ばれていることである。ネル・ノディングスは、これを「ケアリング」と呼んでいる。[(13)]

　普通子どもは、相手の子どもがその内面で感じていることを感じ取ると、また、それを他人ごととしてではなくあたかも我がごとのように感じると、その子どもを「大切にしたい」「大事にしたい」と思うようになる。そして――相手の子どもがどうであるのか、自分自身はどうであるのか、また相手と自分をとりまく場面はどうであるのかによって、相手を大切にする具体的なかかわりは異なってくるので――相手を大切にするためにはどのようにかかわったらよいのか考え出し、実行に移そうとする。

　このE君も、Y君がその内面で感じていることを感じ取ると、Y君を大切にしようとする。Y君は自分の手に血がにじんでいるのを見て、怖さを感じている。そこで、「よしよし」と声をかけ、Y君の怖さが軽減されるようにしている。また――保育者はY君の血ににじんだ手を治療しようとY君を保健室の方向に連れて行こうとしているので――そのY君に、その気持ちに共感しながら、連れ添おうとする。

第7節　A　4歳児クラス　11月

　最後に、Aという子どもの事例を取り上げる。この事例は、香川大学教育学部付属幼稚園「第55回研究発表会研究紀要」に載せられている事例である。

　幼稚園。「11月のある日のこと、4歳児のAが、緊張した面もちで、私（保育者―引用者註）と一緒にいた3歳児のBのところにやってきま

した。そして、真っ赤な目でBをまっすぐに見つめ、『さっきは（Bが使っていた積み木を取って）ごめん。積み木をかしてください』と、ふりしぼるような声で思いを伝えました。BもまっすぐにAを見つめ返しています。Bは、私に『A君がぼくの使っていた積み木を取った』と悔しい思いを何度も訴えていたところであり、傍でいた私は、Aの切ない程のどうしても積み木を使いたいという思いを感じるとともに、Bの自分が先に積み木を使っていたのにという当然の悔しい思いも分かり、『Bはどう返事をするだろうか……』と、心揺れながら傍らで見守りました。そして少しの間の後、Bは、『いいよ』とまっすぐな目で応えたのでした。

　その後、Aは、やりたかった積み木での遊びを十分に満喫し、Bも気持ちが吹っ切れたようで、自分から他の遊びにかかわっていきました。」[14]

　Aは、3歳児クラスのBの使っていた積み木を一方的に取ってしまったようである。Aが積み木を使ってどのようなものを作ろうとしていたのか、またBが積み木を使ってどのようなものを作ろうとしていたのか、ということについては何も述べられていないが、Aが積み木を使って何かを作ろうとしていた。Bも積み木を使って何か作ろうとしていた。そして、Aが自分の作ろうとしているものを作り上げるためにある積み木がどうしても欲しくなった。そこで、Bが使っているのにもかかわらず、その積み木を一方的に取ってしまったようである。

　しかしAは、一方的に取ってしまったあと、取ってしまったことを謝り、Bに返そうとしている。Aがこのようにする、その時のAの心の動きについては何も述べられていないが、Aは、Bが使っている積み木を取ろうとした時、Bが感じていることに直に触れ、感じ取ったのではないだろうか。おそらくその時Bは、「自分は積み木で○○を作ろうとしていた。自分が作ろうとしていたことが一方的に踏みにじられた、傷つけられた」と感じているだろう。また、「自分が先に積み木を使っていたのにもかかわらず一方的に取られてしまった、悔しい」と感じているだろ

う。その感じていることに直に触れ、感じ取ったのではないだろうか。

　普通、子どもは、その子どもが内面で感じていることを感じ取ると、また、それを他人ごととしてではなくあたかも我がことのように感じると、その子どもを「大切にしたい」「大事にしたい」と思うようになる。そして、相手の子どもがどうであるのか、自分自身がどうであるのか、また相手と自分の場面がどうであるのかということによって、相手を大切にするその具体的なかかわりは異なってくるので、相手を大切にするためには具体的にどのようにかかわったらよいのか考えようとする。

　Ａも、Ｂが感じていることを感じ取り、またあたかも我がことのように感じると、Ｂを「大切にしたい」と思うようになり、大切にするために具体的的にどのようにかかわったらよいか考え、「大切にするために、積み木を一方的に取ってしまったことを謝りたい」「大切にするために、Ｂが作りたいものを作り上げるよう援助したい」「援助することとして、取った積み木を返したい」と思うようになったのではないだろうか。

　そして、Ａは、保育者からこのようにしなさいと言われたわけではないのに、自分から、取ってしまったことを謝り、取ってしまった積み木を返そうとする。

　しかし、Ａがまさにこのことをしようとする、その時、Ａに「自分の作っているものを作り上げたい、そのためその積み木を使いたい」という思いが生じてくる。この思いは、Ａが最初持っていた思いである。この思いが、ＡがＢを大切にしようとする、Ｂを援助しようとする、積み木を返そうとしようとする、その時、Ａに、再び、現れてくる。

　このことを改めて振りかえってみると、Ａは、最初、自分の作りたいものを作り上げたい、そのために積み木がほしいと思い、積み木を取ろうとしていた。Ａは、ここでは、いわば「自分自身の思いを実現しようとする」という立場に立っているといえる。しかし、積み木を取ろうとした時Ｂの感じていることを感じ取ることにより、Ｂを「大切にしたい、Ｂが作りたいものを作り上げることを援助したい、積み木を返したい」と思うようになる。Ａは、ここでは、「Ｂを大切にしようとする、

大切にしようとして、Bが自分の思いを実現しようとすることを援助する」という立場に立とうとする。そして、Aは——ただ思うだけではなく——実際に、Bを大切にしようとする、作り上げることを援助しようとする、積み木を返そうとする。しかし、Aがこのようにしようとすると、その時、このことによっては、「自分が作りたいものを作り上げる」という満足感、充実感は感じられない、と感じる。たしかに、Aは、Bが作りたいものを作り上げるよう援助しているのであるから、Bを大切にする、Bを助けるという満足感、充実感は感じる。しかし、「自分の作りたいものを作り上げる」という満足感・充実感は感じられない、と感じるのである。

　Aがこのように感じる時、Aに、再び、「自分の作りたいものを作り上げたい、そのため積み木を使いたい」という思いが生じてくる。この思いは、Aが最初にもっていた思いである。Aは、その思いの中へと入っていく。そして——ただ思うだけでなく——実際に、自分の作りたいものを作ろうとする、取った積み木を使って作りたいものを作ろうとする。しかし、このようにしようとすると、その時、このことによっては、「Bを大切にする、援助する」ということをしているさいに感じられていた、Bを大切にする、Bを助けるという満足感、充実感は感じられない、と感じる。

　このように感じると、Aの中に、再び、「Bを大切にしたい、Bの作りたいものを作り上げるよう援助したい、積み木を返したい」という思いが、生じてくる。そこで、Aは、その思いの中に入っていく。そして実際にBを大切にしようとする。援助しようとする。積み木を返そうとする。しかし、実際にこのようにしようとすると、Aは、「自分の作りたいものを作り上げたい」という満足感、充実感は感じられない、と感じる。

　Aは、最初、自分の作りたいものを作りたい、そのため積み木を使いたい、と思う、そして実際、自分の作りたいものを作ろうとする、積み木を取ろうとする、ということから出発した。つまり、「自分自身の思いを実現しようとする」という立場から出発した。しかし、Bが感じる

ことを感じ取ることにより、「Bを大切にする、Bが作りたいものを作り上げることを援助する」という立場に立った。しかし、この立場に立つと、次には、このようにして、「自分自身の思いを実現しようとする」という立場へ、そして「Bを大切にする、Bが作りたいものを作り上げることを援助する」という立場へ、そして、「自分自身の思いを実現しようとする」という立場へと、揺れ動く。つまり、「Bを大切にする、Bが作りたいものを作り上げることを援助する」という立場と「自分自身の思いを実現しようとする」という立場との間を揺れ動く。

だが、Aは、この間を揺れ動きながら、両者が両立するあり方を考え出していこうとする。

しかし、「Bを大切にしようとする。大切にしようとして、Bが作りたいものを作り上げることを援助する、積み木を返す」ということと「自分の作りたいものを作りあげる、そのために積み木を使う」ということとは、一方を満たそうとすると、他方を満たすことができなくなる、というものであるように思われる。つまり、両者を両立させることは不可能であるように思われる。

しかし、Aは、揺れ動きながら、両者が両立するあり方を考えていこうとする。そして、考え出す。Aが考えだしたあり方は、「Bを大切にする。取ってしまったことを謝る。Bの作りたいものを作り上げることを援助する。積み木を返す」ということをする。が、その時間的前に、積み木を貸してもらう。積み木を貸してもらい、「自分の作りたいものをその積み木を使って作り上げる」。そしてその時間的後に、積み木を返す、というものである。

Aは、このようなあり方を考え出す。たしかに、両者はこのままでは両立不可能である。だが、両者の間に時間軸を入れれば、両立可能になる。このように時間軸を入れてて考えるということは、非常に難しいことでであると思われるのだが、Aは、まだ4歳児クラスの子ども、つまり満4歳か5歳の子どもであるのだが、考え出すのである。

ただ、これはすんなりと考えだされたものではないだろう。この二つ

の立場の間を激しく揺れ動き葛藤するなかで、考え出されたに違いない。Aが自分の思いをBに伝える時、「真っ赤な目でBをまっすぐ見つめて伝えた」と述べられている。両立するあり方を考え出すさいの葛藤がいかに大きかったか、その時Aが「真っ赤な目」をしていたというから伺うことができる。

　Aは、このように両者を両立させるあり方を自分から考え出す。考え出すと、保育者からこのようにしなさいと言われたというわけでもないのに、自分から、Bに伝えようとする。まず「さっきはごめん」と自分が一方的に取ってしまったことを謝る。次に——言葉に出しては言わないのだが——「Bを大切にしたい。大切にしたいので、自分の作りたいものを作り上げることを援助したい、そのため積み木を返したい」ということを気持ちの上で言い、そしてこのことを言ったということを前提にして、「積み木を貸して下さい」と言う。

　このように言われたBは、どうしただろうか。自分が積み木を使っていたのにもかかわらず、一方的に取られてしまったのだから、そして、傷つけられたと感じているのだから、すぐ取り返したいと思うだろう。「貸して」と言われても、そんなことできないと思うだろう。ところが、Bは、「いいよ」と言っている。Bは、なぜ「いいよ」と言ったのだろうか。Aが「取ってしまってごめんね」と一方的に取ってしまったことを謝った。Aが謝ったことによって、Aの一方的に取ってしまったことを許すという気持ちになったということが考えられる。しかし、それだけではないだろう。Aは、真っ赤な目でまっすぐに見つめ、「さっきはごめん。積み木を貸して下さい」とふり絞るような声で伝えたと述べられている。この時Aは、「Bを大切にしたい、援助したい、積み木を返したい」という思いをもっている。しかし、それとは正反対の「自分の作りたいものを作り上げたい、その積み木を使いたい」という思いももっている。Bは、Aがふり絞るような声で伝えた時、このAの思いに直に触れ、その思いを感じ取ったのではないだろうか。そこで、「Aを大切にしたい、Aが作りたいものを作りあげことを援助したい、積み木を貸し

たい」と思ったのではないだろうか。筆者は、子どもが相手の子どもの
感じていることを感じ取ると、相手の子どもがその思いを実現しようと
することを援助したいと思うようになるのだ、ということを述べてきた
が、このことは、まさに、このBの姿の中にも見ることができる。

　BがこのようにAを受け入れたことにより、Aは、この二つの思い・
立場を実際に両立させていく。すなわち、まず最初に自分の作りたいも
のを、貸してもらった積み木を使って作り上げる。作り上げる時、「作り
上げた」という満足感、充実感を感じる。そして、作り上げた後、今度
はBを大切にしようとする。Bを大切にしようとして、積み木をBに返
す。返すことによって、Bが積み木を使って作りたいものを作り上げる
ことができる。Bは、喜ぶ。そのBの喜びが、Aにとっても喜びとなる
時、Aは、Bを「大切にする」「助ける」という喜び、満足感に満たされる。

【註】

（１）鈴木政勝、小野美枝著「保育実践：あきの思いに寄り添って（１）」香川
　　　大学教育実践総合研究第23号、2011年、138頁
（２）香川大学教育学部付属幼稚園「第44回研究発表会研究紀要」1996年、32頁
（３）同上、31頁
（４）鈴木政勝、小野美枝著「保育実践：あきの思いに寄り添って（１）」香川
　　　大学教育実践総合研究第23号、2011年、138頁
（５）鈴木政勝、小野美枝著「保育実践：あきの思いに寄り添って（２）」香川
　　　大学教育実践総合研究第24号、2012年、70-71頁
（６）同上、73-74頁
（７）同上、74-75頁
（８）同上、75頁
（９）同上、75-76頁
（10）同上、77頁
（11）松丸令子、早塚信子編『カラー・フォーカス　三歳児の世界　３歳児の
　　　イメージと表現』チャイルド本社、昭和59年、45頁
（12）平井信義、帆足英一編『思いやりを育む保育』新曜社、1999年、100-101頁
（13）ネル・ノディングス著『ケアリング』晃洋書房、2000年、11-42頁
（14）香川大学教育学部付属幼稚園「第55回研究発表会研究紀要」2010年、116頁

第3章　子どものけんか（その2）

―子どもは「してほしくないと思う結果をもたらす場面」に入った時、どのようなことに気づくのか、どのようなことをしようとするのか、どのような育ちをするのか―

第1節　事例の前に

　前章では、次のことを述べた。

　子どもAと子どもBが一緒に遊ぼうとする。そのとき、それとは知らぬ間に、「材料などが不足する場面」に入ってしまう。その場面に入ってしまうとき――子どもA、Bが自分の思いを実現し、互いに相手を受け入れる認めるという関係に入っていくのではなく――子どもAの思いを実現しようとすることと子どもBの思いを実現しようとすることが対立し、材料などを取り合う、ということ。

　また、子どもA、Bが「成長した子ども」すなわち、怖さから取り合うことを止めるのではなく、取り合うことをあくまで続ける子どもであるならば――取り合うことを続け、どちらか一方が取ってしまう。取ってしまうことによって、相手の思いの実現を挫いてしまう、ということ。

　幼稚園・保育所で、観察すると、成長した子どもは、取り合うことを続け、どちらか一方が力づくで取ってしまうが、しかし、それで終わってしまうのではない。力づくで取ってしまうことにより、気づく。気づくことにより、あることをしようとする、ということ。そして、どのようなことに気づくのか、どのようなことをしようとするのかは、1人1人の子ども、1つ1つの場面に応じて、異なる、ということ。

　ところで、子どもが一緒に遊ぼうとする、その時、子どもA、Bが入ってしまう場面は、「材料などが不足する場面」だけではない。これ以外にいろいろな場面がある。そして、その中の1つとして、次のような場面、すなわち、Aがあることをしようとする、そのことが、子どもBが「困った」と感じる、あるいは子どもBが「してほしくない」と思

う、そうした結果をもたらす、という場面がある。この場面を、本稿では、以下、「してほしくないと思う結果をもたらす」場面と呼びたい。

では、子どもが、「してほしくないと思う結果をもたらす」場面に入ってしまい、子どもBに、してほしくないと思う結果をもたらすとき、そのことによって、子どもAはどのようなことに気づくのだろうか。そして気づくことによって、どのようなことをしようとするのだろうか。

このことを観察すると、やはり、1人1人の子ども、1つ1つの場面に応じて、異なる、ということが分かる。

そこで、本章では、やはり1人1人の子ども、1つ1つの場面に即して、ある子どもがあることをしようとして、してほしくないと思う結果をもたらした。このことにより、どのようなことに気づくのか、そして気づくことにより、どのようなことをしようとするのか、考察する。

なお、そのさい、本章では――子どもが、あることをしようとして、してほしくない結果をもたらした、このことにより、どのようなことに気づくのか、どのようなことをしようとするのか、ということだけでなく――どのようなことを気づくか、どのようなことをしようとするのかに関連して、どのような育ちをするのかということについても、考察する。

第2節　しゅん　5歳児クラス　5月中旬

まず、しゅんという子どもの（5歳児クラス、5月中旬の時点で）「してほしくないと思う場面」に入ってしまう……気づく……しようとする、そして……という育ちをする、という事例を取り上げる。「子どものけんかを通しての育ち」に掲載されている事例である。しゅんの担任の保育者が書いた事例をまず引用する。そして、それを受けて、次に事例に関する筆者の考察を書く。

「遊戯室では大勢が体を動かしてのびのび遊んでいる。回数を数えながらまりつきをしている子、（中略）ボールを高く投げることを競い合う子らもいる。（中略）しゅんが遊んでいるところにも友達のボールが

飛んできた。『なんでぶつけるん？』としゅんが叫ぶ。『ぶつけてないわ！』『ぶつけたやろ！』『ぶつけてない！』と言い争ううちにその男の子はしゅんを蹴る。するとしゅんも蹴り返す。」「しゅんは、友達がボールをわざと当てたと思い『なんでぶっけるん？』と叫んだのだろう。相手はぶつけてないのにぶつけたといわれ腹が立ちとっさに蹴ったのだろうと推測する。」[1]

　しゅんとしゅんの友達は、ボールを使って遊んでいる。しゅんの友達が、例えば、ボールを上に高く投げ上げようとする。しかし、そのボールが途中でそれ、しゅんの遊んでいる所に当たってしまう。そしてその結果、しゅんの遊びを中断させてしまう。つまり、友達がボールを上に投げ上げようとすることが、しゅんにしてほしくないと思う結果をもたらす。

　しゅんは、いつの間にか、「してほしくないと思う結果をもたらす場面」に入ってしまう。

　では、しゅんは、友達が「よくないと思う結果をもたらす」ことによって、どのようなことに気づくのだろうか。また、どのようなことをしようとするのだろうか。そして、どのような育ちをするのだろうか。

　友達のボールがしゅんの遊んでいる所にあたり、しゅんの遊びが中断させられたとき、しゅんは、「友達はボールを当てた」と認識するだろう。そして——友達のボールが当たって自分の遊びが中断させられたのであるから——友達のボールが当たったことは、「してほしくない」と思う。そこで、「○○のボールが当たった」と言うとともに、「してほしくない、やめてほしい」と言うだろう。

　しかし、この事例の場合は、これだけでない。しゅんは、ただ「○○のボールが自分に当った」と言うだけではなく、「○○がボールを意図的に当てたのではないか」、つまり、「ぶつけたのではないか」と言う。それに対して、友達は「いや、ぶつけてない」と言う。「ぶつけたのでは？」「ぶつけてない」と言い合うというけんかになる。

　ところで、ここで、しゅんは、「ボールが当たった」と言うのではな

く、「意図的に当てたのではないか、つまり、ぶつけたのではないか」と言うことをするが、それはなぜであろうか。この背景として、次のこと、すなわち、この時期（3歳から6歳）子どもの多くは、「例えば、雲がある方向へ流れていく、それを見ると『雲がそちらに行こうと意図して動いているのだ』と見えてくる」というアニミズム的心性をもっている。それゆえ、ボールが当たった子どもは、「相手のボールが自分に当たった」という結果を認識すると、そのとき、同時に、「相手は意図してそれをしたのだ、つまり意図的に当てたのだ」と見えてくるのである。しゅんも——この時期の子どもと同じように——友達のボールが自分に当たったとき、「友達のボールが自分に当たった」と認識する。が、そのとき、同時に「友達は意図してそれをしたのだ、つまり意図的に当てたのだ」と見えてくる。そこで、「意図的に当てたのではないか」つまり、「ぶつけたのではないか」と言うのである。

　一方、そのボールがしゅんに当たった友達の方は、たまたま当たっただけであり、意図的に当てること、つまりぶつけることはしていないようである。友達は、ぶつけることをしていないので、しゅんの「ぶつけたのではないか」と言うことに対して、それを否定し、「ぶつけてない」と言う。その結果、「ぶつけたのでは」「ぶつけてない」と言い合うというけんかになる。

　こうしたけんかにおいて、しゅんは、友達は意図的に当てたのだと見えてきているので、そしてその見えてきたことをそのまま言っていると思っているので、「ぶつけたのではないか」と言い続けるだろう。普通、友達が「ぶつけてない」と繰り返し言い、しかも真顔で言うならば、その友達が、事実そのようなことをしており、また本当のことを言っているのだということに気づくのであろう。だが、ここでは、友達は意図的に当てたのだと見えてきており、またそのように思いこんでいるので、そのことにはなかなか気づかないのである。

　一方、友達の方も、事実、意図的に当てることはしていないのであり、また本当のことを言っていると思っているので、やはり、「ぶつけ

てない」と言い続けるだろう。

　しかし、このような「ぶつけたのでは」「ぶつけてない」と言い合うけんかは、それぞれが「ぶつけたのでは」「ぶつけてない」と言い、相手に伝えるということを越えて、次第に、相手を攻撃し合うというけんかに移っていく。しゅんの「ぶつけたのでは」と言うことに対して友達が「ぶつけてない」と言うことは、しゅんの「ぶつけたのでは」と言うことを否定することであるからである。また、友達の「ぶつけてない」と言うことに対してしゅんが「ぶつけたのでは」と言うことは、友達の「ぶつけてない」と言うことを否定することであるからである。人は誰でも、自分の認識、見解が否定されるならば、その否定する人に対する怒り・攻撃性が湧いてくる。そこで、しゅんは、自分の認識や見解を否定する友達に対して、怒り・攻撃性を向け、攻撃しようとする。友達も、自分の認識、見解を否定するしゅんに対して怒り、攻撃性を向け、攻撃しようとする。友達は、しゅんを攻撃しようとして、しゅんを足で蹴る。しゅんも、友達を攻撃しようとして、足で蹴り返す。しゅんも、友達も、身体を使った蹴る、蹴り返すというけんかに入っていく。

　しかし、このように身体を使って攻撃し合うことは、なんら生産的な結果を生み出さない。ただ際限なく攻撃し合うということに終わってしまう。しゅんは、攻撃することをやめ、相手の子どもと離れて、1人になる。

　だが、1人になったとしても——これまで激しく攻撃し合ってきたので——どうしてもけんかの場面が脳裏に浮かんできてしまう。そして、脳裏に浮かんだけんかの相手に、怒り・攻撃性を向け、攻撃するということをする。しかし、このことをしていると、少しずつ落ち着いてくる。そして落ち着いてくると、けんかの場面を脳裏に思い浮かべつつ、そのとき自分はどのように認識していたのか、なぜそのように言ったのか、また相手はどのように認識していたのか、なぜそのように言ったのか、振り返って考えるようになる。そして、振り返って考えるとき——もちろんすべての子どもが気づくというわけではないのだが——「もしかしたら、相手はぶつけることはしていない。そして本当のことを言っ

ているのかもしれない」と気づく。

　このことに気づくと、子どもは、そのときの相手の言葉や表情をもう１度思い出し、改めて事実かどうか確かめようとする。そしてその通りであると確かめることができると、「相手は、ぶつけていない。そして本当のことを言っているのだ」という最初の気づきを確かなものにする。そして確かなものにすることによって、相手の言っていることを受け入れ、認めることができるようになる。

　──今、このことを、どのような育ちをするのかという観点から述べるならば──子どもは、けんかを振り返り、「相手はぶつけていない。本当のことを言っているのもかしれない」と自分から気づくという育ちをする。事実において本当かどうか確かめる、「相手は本当のことを言っているのだ」と確かなものにする。そしてその子どもの言うことを受け入れ認める、という育ちをする、ということができる。

　気づき、確かめ、確かなものにし、認めるようになった子どもは、もし次に同じような場面に入ったとき──たとえ、友達は意図的に当てたのだと見えてくるとしても──その思い込みから、「ぶつけてない」と言う相手を攻撃するということはもはやしない。攻撃することを抑制する。「もしかしたら相手はぶつけていないかもしれない。本当のことを言っているかもしれない」と考え、事実かどうか確かめようとする。そして確かなものにすると、相手の言うことを受け入れ認めるようになる。

第３節　しゅん　５歳児クラス　６月初旬から下旬

　次に、同じしゅんという子どもの、６月初旬から下旬の事例を取りあげる。「子どものけんかを通しての育ち」に載せられている事例である。しゅんの担任の保育者が書いた事例をまず引用する。そして、それを受けて、次に事例に関する筆者の考察を書く。

　６月初旬。「子ども達にドッジボールの遊び方を説明した後、私は遊戯室にテープで四角を作っていた。『まるドッジとちょっと違うね』と、

戸惑いながらも関心を示した子らが、次々と集まって来ていつの間にか全員が遊び始めた。（中略）けんかも多いがドッジボールは面白いらしく『明日もしょうな』『給食終わったらまたしょう』と、友達を集めてはドッジボールを一日に何回もしている。」[2]

　6月中旬〜下旬。「今日は男の子チーム対女の子チームでドッジボールをしていた。男の子たちは女の子チームに負けたことが悔しく『馬鹿！』『お前たちはずるい！』と罵声をかけたり、たたこうとしたり、つばをかけて怒る。『自分が負けたから言うて、怒るのはいかんやろ』と女の子達も反論する。その言葉に一人の男の子はたたこうと挙げた手を下ろし、悔しく涙でくちゃくちゃになった顔を手で隠している。もう一人の男の子は『悔しい。もう一回したら絶対に男の勝ちや！』と自分にいい聞かせるように叫んでいる。『しかたがないやろ。次がんばろう』と友達の肩を叩く男の子の姿も見られる。」しゅんも負けたことを受け入れられない。怒って、女の子を蹴りに行こうとする。

　『次の試合でがんばればいい』と、励まされても今の負けが悔しいらしい。負けを受け入れられず友達に悔しい気持ちをぶつけるしゅんに、我慢したり気持ちを切り替えたりするように助言しょうかと迷ったが、周りの子が止めに入ったり、言葉をかけたりしているので、子どもたちの様子をしばらく見ようと考えた。しゅんは友達の言動から心が揺れているように感じる。思いをぶつけたものの、周りの反応から自分自身の行動を振り返り始めているようにも感じられたので、私はあえて声をかけず見守ろうと思った。」保育者がこのように見守る中、負けてしまった「しゅんは『なんで。そっちが悪いんじゃ』と、女の子を蹴りに行こうとする。『なんで、女は悪くない。男が負けだけ』と、一人の女の子が強い口調で言う。『女はずるい！』と、しゅんも言い返すが、もう蹴ったりたたいたりはしなかった。しかし、しゅんは悔しさが治まらず地団駄をふんでいる。」[3]

　7月上旬。「今日も全員でドッジボールをしている。しゅんのチームが負けそうである。試合終了、相手チームが『やった！勝った！勝っ

た！』とハイタッチをして喜びだす。しゅんの顔が変わる。悔しさで地団駄を踏んでいるが小声で『負けた！負けた！』とつぶやいている。『じゃ、みんな並んで』と私が声をかけると、しゅんはこぶしを握り締め悔しそうに並ぶ。叩いたり蹴ったりしたい気持ちをこぶしに力を入れた我慢しているのか、こぶしが震えている。私は固く握りしめたしゅんのこぶしをそっと包み込みながら『よく我慢したね』と声をかけた。『結果をお知らせします。今の試合は黄色チームの勝ち』と私が言うと『ありがとうございました』と子どもらは相手チームと握手をする。握手が終わるや否やしゅんが私のところにかけてきて『先生、もう一回やってから給食にしようよ』と言いに来る。」[4]

　しゅんは、男の子チームと女の子チームに分かれてのドッチボールの遊びに参加している。しかし、しゅんは、負けてしまう。負けた時、周りの子どもは、「しゅんは、負けた、弱い（弱い子ども）」と認識するだろう。そしてしゅんに「しゅんは負けた弱い（子ども）」と言ってくるだろう。周りの子どもがこのように言ってくることにより、しゅんは、「自分は、周りの子どもによって『負けた、弱い（弱い子ども）』と認識されている」ことに気づかされる。また、しゅんは、負けてしまう時、自分自身によっても、「自分は負けた、弱い（弱い自分）」と自分を認識する。
　しかし、人は、誰でも、このように、自分が否定的に認識された時、また、自分自身で自分を否定的に認識する時、怒り・攻撃性が湧いてくる。しゅんも例外ではない。生じてきた怒り・攻撃性は自分を負かした相手に向かう。相手を「馬鹿」といって攻撃する。あるいは、自分が負けたのは「おまえたちがズルをしたからだ」と攻撃する。あるいは、身体を使って叩いたり蹴ったりして攻撃する。このことは、負ける時、大人でも、ついついしてしまうことであるが、しゅんも、このことをしてしまうのである。
　しかし、こうしたしゅんの、「自分は負けた弱い（自分である）」と自己認識することからくる相手を攻撃することは、「してほしくないと思

う結果をもたらす」行動である。攻撃される相手は、「自分が負けたからといって怒るのは、いかんやろ。してほしくない」と思う。そして、さらに、そういうことをするしゅんを、「しゅんは、自分が負けたからといって怒る、してほしくないことをする弱い子ども」と認識する。

　そこで、相手は、しゅんに「自分が負けたからといって、怒るのはしてほしくない。しゅんは、負けたからといってしてほしくないことをする、弱い子ども」と言い返す。

　相手がこのように言い返してくることにより、しゅんは、相手の子どもが、自分を、「負けたからといって怒ってしてほしくないことをする、弱い子ども」と認識していることに気づかせられる。しゅんは、また、自分自身によっても、「自分は、負けた時怒ってしてほしくないことをする、弱い自分である」と認識する。

　このように、しゅんは、このように、遊びに負けてしまう、「自分は負けた弱い自分である」と自己認識する、怒り・攻撃性がでてきて相手を攻撃する、それに対して相手が「しゅんは負けたからといって怒る、してほしくないことをする弱い子どもだ」と言い返す、というけんかをする。しかし、こうしたけんかは——しゅんが負けたことから生じる怒りを相手に向け攻撃するというものであるので——けんかをいくら続けたとしても、虚しさが残るのみである。しゅんは、けんかをやめ、1人になる。

　しゅんが1人になり、落ち着いてくると、これまでのけんかの場面をもう一度思い浮かべ、振り返って考えようとする。

　しゅんは、自分が負けてしまったことを思い出す。しゅんは、改めて「自分は負けた自分である」と自分を認識する。このように自分を認識すると、悲しい。自分をこのように認識し、悲しさを感じる時、「いや、自分はそういう負ける弱い自分ではない、勝つ強い自分になりたい」という思いが生じてくる。

　——今、このことを、どのような育ちをするのかという観点から見るならば——子どもは、「自分は負けた、弱い（弱い自分である）」と自己認識するという育ちをする。また、「自分は勝つ、強い自分になりたい」

という思いをもつようになるという育ちをする。

　しかし、しゅんは——負けてしまったことを思い出すだけではなく——相手が「しゅんは、負けたからといってしてほしくないことをする弱い子ども」と言っていたことを思い出す。しゅんは、改めて「自分は、負けたからといってしてほしくないことをする弱い自分である」と認識する。自分をこういう「してほしくないことをする弱い自分である」と認識すると悲しい。このように認識し、悲しさを感じる時、「いや、自分はそういうしてほしくないことをする弱い子どもではない。してほしくないことをしない（抑制する）強い自分になりたい」という思いが湧いてくる。

　——今、このことを、どのような育ちをするのかという観点から見ると——子どもは、「自分は負けたからといってしてほしくないことをする弱い子ども」と自己認識するという育ちをする。また、「してほしくないことをしない強い子どもになりたい」と思うようになる、という育ちをする。

　しゅんが、これまでの場面を振り返ると、これら2つの思いが生じてくる。これらの思いが膨らみ、心の中心的な部分を占めるようになると、しゅんは、それを実現しようとする。このどちらの思いが先に膨らみ、実現しようとするのかは、子ども1人1人によって異なる。ここでは、しゅんに、後者の思いがまず膨らみ、実現しようとする、という場合を想定して考察を進める。

　しゅんは、後者の思い、すなわち、「負けたからといってしてほしくないことをしない（抑制する）強い自分なりたい」という思いをもち、それを実現しようとする。しゅんは、その思いを実現しようとして、次の遊びに入る。しかし、負けてしまうとする。負けてしまう時、怒り・攻撃性が再び生じてきて、相手を叩いたり蹴ったりしたくなる。だが、しゅんは——「負けたからといってしてほしくないことをしない（抑制する）強い自分なりたい」という思いをもって遊びに臨んでいるので——その思いを実現しようとする。実現しようとして——負けた時怒り・攻撃性が生じてくること自体は抑制できないが——その怒り・攻撃性を相手を向け、相手を叩いたり蹴ったりしてしまうことを抑制する。しゅ

んのこの時の姿を、しゅんの担任の保育者は、次のように書いている。「しゅんのチームが負けそうである。試合終了、相手チームが『やった！勝った！勝った！』とハイタッチをして喜びだす。しゅんの顔が変わる。悔しさで地団駄を踏んでいるが小声で『負けた！負けた！』とつぶやいている。『じゃ、みんな並んで』と私が声をかけると、しゅんはこぶしを握り締め悔しそうに並ぶ。叩いたり蹴ったりしたい気持ちをこぶしに力を入れて我慢しているのか、こぶしが震えている。」

　しゅんが、このように、叩いたり蹴ったりすることを抑制した時、相手は、「負けたからといってしてほしくないことをしない（抑制する）強い子どもになった」と認識する。しゅん自身も、「負けたからといってしてほしくないことをしない（抑制する）強い子どもになった」と認識する。しゅんが、このように自分を認識する時――我慢すること自体はたしかに辛く、きついことであるのだが――強い喜びに包まれる。

　――今、このことをどのような育ちをするのかという観点から述べるならば――しゅんは、「してほしくないことをしない（抑制する）強い子どもになりたい」という思いを実現しようとする、実現しようとしてしてほしくないこと（怒って叩いたり蹴ったりすること）を抑制する、そして「自分は抑制する強い自分になった」と自己認識する、という育ちをする。

　しゅんは――この後者の思いを実現すると――前者の思い、すなわち、「勝つ強い自分になりたい」という思いを実現しようとする。しゅんは、そういう自分になるためにはどうしたらよいか考えようとするだろう。そして、「次の遊びで、頑張ればよい」ということを考え出す。そこで次の遊びをしようとし、そこで頑張ろうとする。

　そのさい、子どもが5、6歳の子どもであるならば――子どもの中には、次のように考える子どももいるのではないだろうか。「これまでは怒り・攻撃性というエネルギーを相手に向けて、いわば発散していた。しかし、遊びに勝つために頑張るには、多くのエネルギーが必要である。そこで、怒り・攻撃性というエネルギーを、発散してしまうのではなく、むしろ、頑張ることに向けた方がよいのではないか」、と。

　もちろん、しゅんがこのようなことを考えたということを示す証拠は何もない。

　しかし、しゅんは、遊びに負けてしまったその後すぐ保育者に、「先生、もう一回やってから給食にしよう」と言いにくるということをしている。このことは、もしかしたら、しゅんが——しゅんは、既に後者の「してほしくないことをしない強い自分になりたい」という思いを実現し、怒り・攻撃性から相手を叩いたり蹴ったりすることを抑制するようになっていたが——そこで、今度は、その怒り・攻撃性というエネルギーを勝つために頑張ることに向けようとしているのだ、と考えることも可能かもしれない。

　いずれにせよ、しゅんは、前者の思いを実現しようとして、次の遊びに入ろうとする。そして、次の遊びにおいて勝つことできたとする。次の遊びにおいて勝つことができた時、相手は、「しゅんは勝った、強い子どもになった」と認識する。しゅん自身も、「自分は勝った、強い自分になった」と自己認識する。しゅんは、このように自分を認識する時、強い喜びにつつまれる。

　——今どのような育ちをするのかという点から見るならば——子どもは、「勝つ強い自分になりたい」という思いを実現しようとする、という育ちをする。そのためにはどのようにしたらよいか考える、という育ちをする。そして、そして実現して「自分は勝つ強い自分になった」と自己認識するという育ちをする。

第4節　しゅん　6月末

　次の事例として、やはり、しゅんという子どもの、6月末の事例を取りあげる。「子どものけんかを通しての育ち」に載せられている事例である。しゅんの担任の保育者が書いた事例をまず引用する。そして、それを受けて、次に事例に関する筆者の考察を書く。

　6月末。「しゅんは『当ててみろ！』『ほら、上手く逃げれるぞ』と楽

しそうに走り回る。ボールに当らないように走ったり、ボールをかわしたりできるようになったことが嬉しいようだ。ボールから逃げることに集中しているらしく白線から出て走っている。時には相手チームの中にまで入って逃げるので『しゅん君、はみですぎやろ』『外に出て逃げるのは反則やで』と、友達に言われる。『反則やしてないわ！』と言い返しながら楽しそうに遊んでいた。翌朝も『ドッジボールしよう』と友達を誘うしゅん。集まってきた友達に『昨日も僕は最後まで残ったんで。知ってる？すごいやろ』と得意そうに話し出す。すると『そんなの。なんにもすごくないわ！』と友達に言われしゅんはぽかんとした表情である。でもすぐに『なんで僕は最後までボールに当らんかったんや。一度もボールに当ってないんだからね！』と興奮気味に言い返す。『そんなこと言っても、しゅん君は線から出たらいかんのにすぐに出るし、どこまででも逃げるやん。そよにしたら（そういうふうにすれば）だれでも当らんわ』『そうや。しゅん君はルールを守らん』と言われた。しゅんは大声で『僕はルールを守っとるわ！』と叫ぶ。『いいや！しゅん君はルールを守らん、ズルや』『そうや！ルール守らない子はドッジボールできんよ！』と友だちから言われる。しゅんは『ズルじゃないわ！』と叫び遊戯室の隅に座り込む。他の子はチーム分けを始めた。2チームに分かれドッチが始まる。しばらく怒りと寂しさの入り混じった表情で試合を見ていたしゅんだったが突然立ち上がり『よせて』と自分から入っていく。『いいよ。黄色チームが少ないからそっちに入って』と友達も何事もなかったかのように受け入れてくれる。しゅんは『わかった。黄色やな』と帽子を黄色にかぶり替えて走っていった。ボールが飛んでくると『おっとと』と逃げる。はずみで白線から出そうになると『あっ、だめだめ！出てしまってた』とつぶやきながら白線の中にもどる。いつもの楽しそうな表情でドッチを楽しみだした。」[5]

　「しゅんはボールに当らないで最後まで残れるようになったことが嬉しいようで、ドッジボールがうまくなってきたという自信を感じているように見える。そんな自分を友達に認めてもらえると思っていたら、

しゅんにとっては意外な言葉が返ってきた。友達から『ルールを守って
いない』と言われてしまう。予想外の言葉にぽかんとしていた様子から
しゅんの複雑な気持ちがわかる。しゅんにしてみれば『ボールに当らな
いように逃げる』ことだけを意識していたので、白線から出てしまうこ
とには抵抗がなかったのだろう。友達から指摘をされて『僕はルールを
守っとるわ！』と反論したが、しばらく遊戯室の隅で座っていた間、い
ろいろなことを考え心が揺れていたのではないか。自分から遊びに戻
り、その後は白線を意識しながら走っていた。この行動をみると友達の
言葉が、ルールを守ることを意識付けたと考えられる。指摘された直後
は悔しく怒ってみたもののルールを守っていなかった自分にも気づき、
今度はルールを守ろうとする。」(6)

　6月末。しゅんは、ドッチボールの遊びに参加している。しゅんは、
ボールに当てられ負けてしまわないよう、ボールをよけたり、ボールか
ら逃げたりすることをしている。しかし、そのさい、自分の陣地を示す
白線を越えて逃げてしまうことをする。
　しかし、しゅんの、この「白線を越えて逃げる」ということは、しゅ
んの負けたくないという欲求のみを満たす行動である。相手の負けたく
ないという欲求をも共に満たすという行動ではない。また——ルールと
いうのは、しゅんの負けたくないという欲求が満たされると共に、相手
の負けたくないという欲求も共に満たされる関係を定めたものであるの
で——ルールを守らない、という行動でもある。そこで、相手は、受け
入れることはできない。してほしくないと思う。
　一方、しゅんの方は、このように、ルールを守らない行動をしている
のにもかかわらず、自分では「ルールを守っている」と思っている。こ
のことは、相手の子どもが、「しゅん君は、ルールを守らん。ズルや」
と言ってくる。それに対して、「ズルじゃないわ」と言い返している。
つまり、「自分はルールを守っているのだ。ズルをしていないのだ」と
言い返している、ということから分かる。

　しゅんは、なぜ、白線を越えて逃げることをしておきながら、「自分はルールを守っている、ズルをしていない」と思っているのだろうか。まず、しゅんが、この「白線を越えて逃げてはならない」というルールをはっきりと理解していない、ということが考えられる。しかし、それだけではない。――そのことと関連して――ボールから逃げることに精一杯であり、そのため、白線を越えてしまっても、そのことがルールを守っていないことだと気づかない、ということも考えられる。

　ドッチボールといったルールのある遊びにおいて、5、6歳の、ルールを守らない子どもを観察すると、この「白線を越えて逃げてはならない」というルールをはっきりと理解しているが、それゆえ、白線を越えて逃げることはルールを守らないことである、と分かっているのだが、負けたくない一心で白線を越えて逃げてしまう子どももいる。こうした子どもについては、次節で、取りあげる。だが、ここでのしゅんは、そうではない。このルールをはっきりとは理解していない。それゆえ、白線を越えて逃げてしまうことを、ルールを守っていないと捉えずに、白線を越えて逃げてしまうことをするのである。

　しかし、相手は――このような、ルールを守っていないと捉えずに、白線を越えて逃げてしまう場合であっても――そのことを、受け入れることはできない。

　そこで、相手は、「しゅん君はルールを守らん、ズルや」と言う。つまり、「しゅん君は、白線を越えて逃げることをしている。それは、ルールを守っていないことである。ズルをしていることである」と言う。しゅん、それに対して、「ズルじゃないわ」と言い返す。

　また、別の相手は、「ルールを守らん子どもは、ドッチボールできんよ」と言う。つまり、「ルールを守らない子どもは、一緒に遊ぶことができない、一緒の遊びに入ることはできない」と言う。

　このように、相手の子どもが言ってくる。しゅんは言い返す。あるいは別の相手が言ってくる。このとき、しゅんは、1人、「遊戯室の隅に座り込む」。相手との遊びに入っていかない。友達はチームに分かれ、

次の遊びをはじめる。しかし、はやり、入っていかない。友達が遊んでいるのをそこから見ている。

　このとき、しゅんは、座っているだけではない。ただ見ているだけではない。心が揺れている。その内面で……気づいたり……しようとしたり……しようとしたりする。

　そして、このことをする中で、「こうしよう」と心が決まったのだろう。「突然立ち上が」る。そして「『よせて』と入っていく」「友達も、何事もなかったかのようにしゅんを受け入れる。」しゅんは、再び、遊びに参加する。再び遊びに参加したしゅんは、白線から出てしまいそうになると、『あっ、だめだめ。出てしまった』とつぶやきながら、白線からでてしまうことを抑制する。つまり、ルールを守ることをする。

　このように、相手が言ってくる。しゅんが言い返す。あるいは別の相手が言ってくる。しゅんは、相手との遊びに入っていかない。１人、座る。友達が遊んでいるのを見ている。このとき、しゅんは、その内面で……気づき……しようとする……しようとする。では、しゅんは、どのようなことに気づき、どのようなことをしようとするのだろうか。

　前後の文脈を手がかりに考えると、しゅんは、２つの異なる、「……に気づく……しようとする……しようとする」を行っていると推測される。

　１つは、相手が「しゅん君は、ルールを守っとらん。ズルや」と言う。それに対して、しゅんが「ズルじゃないわ」と叫ぶ、ということから推測されることである。

　相手は、「しゅん君は、ルールを守っとらん。ズルや」と言ってくる。しかし、しゅんは、前々から、「自分はルールを守っている（自分である）」と思っている。それゆえ、相手の「しゅん君は、ルールを守らん、ズルや」と言ってくることは、しゅんの思いを否定するものである。人は、誰でも、自分が否定されるとき、怒り・攻撃性が湧いてくる。その怒り・攻撃性を、自分を否定する人に向け、攻撃しようとする。しゅんも例外ではない。しゅんは、「ルールを守らん、ズルや」と言ってくる相手に、怒り・

攻撃性を向け、「ズルじゃないわ」と反論する。つまり、「いいや、自分はルールを守っていないのではない、ズルをしているのではない。自分はルールを守っているのだ、ズルをしていないのだ」と反論する。

　しゅんは、このように、相手に反論する。おそらく、このように相手に反論したため、その相手と遊ぶことが気まずくなったのだろう——その相手との遊びに入っていくことはしない。1人、遊戯室の隅に、座り込む。

　1人、遊戯室の隅に座り込むとき、しゅんは、相手の「しゅん君はルールを守っとらん。ズルや」という言葉を脳裏に思い浮かべるだろう。そして、怒り・攻撃性をその相手に向け、反論することをする。

　また、しゅんは、これまでのいろいろな場面を思い浮かべるだろう。ボールに当てられないようにするために、ボールをうまくよけたという場面や、そのことを友達に自慢した場面を思い出すだろう。しかし、それだけではない。ボールに当てられないようにするために、白線を越えて逃げてしまっていた、という場面も思い浮かべるだろう。そして、そのときは、逃げることに精一杯であり、自分が白線を越えてしまっていることをあまり意識していなかったのだが、思い浮かべることによって、「自分はルールを守っていなかったのだ、ズルをしていたのだ」ということに気づく。

　しゅんは、「自分は、ルールを守っていない（自分である）、ズルをしている（自分である）」と改めて自己認識する。

　この時期の子どもの多くは、「自分はルールを守る自分である。ズルをしない自分である」と思っている。しゅんも例外ではない。

　しゅんは、自分は、「ルールを守らない自分である。ズルをする自分である」と自分を認識すると、悲しい。しゅんは、これまでは、「自分はルールを守っている（自分である）」と思っていた。そう思っていたので、自分をこのように認識すると、さらに、悲しい。このように自分を認識し、悲しさを感じるとき、「いや、自分はルールを守らない自分ではない、ズルをする自分ではない。自分は、本来、ルールを守る自分、ズルをしない自分であるのだ」と思う（自己認識する）。

　子どもは——多くの子どもは——「いや、自分はルールを守らない（ズルをする）子どもではない。自分は、本来、ルールを守る（ズルをしない）子どもであるのだ」と思う（自己認識する）とき、その「自分は、本来、ルールを守る（ズルをしない）子どもであるのだ」という自己認識を確かなものにしようとする。しゅんも、確かなものにしようとして、「自分は本来ルールを守る（ズルをしない）子どもであるのだ」ということ（自己認識を）を確かなものにする行動を選ぼうとする。もし、次の遊びに参加し、そこで、実際にルールを守ることをするならば、相手は、しゅんを、「ルールを守る子どもである」と認識するだろう。また、しゅん自身も——相手の認識を受けて——「自分は、やはり、ルールを守る子どもであるのだ」と認識することができるだろう。このように考え、「ルールを守る」という行動を自分から選び、実行に移そうとする。

　しゅんは、「突然立ち上がり、『よせて』と自分から入っていく」。再び遊びに参加したしゅんは、白線から出てしまいそうになると、出てしまうことを自分から抑制する。つまり、自分からルールを守る。

　しゅんが、再び遊びに入り、自分からこのことをするならば、相手は、「しゅん君は、ルールを守る子どもだ」と認識する。また、しゅん自身も、「自分は、やはりルールを守る子どもである」と自分を認識する。しゅんは、「自分は、本来、ルールを守る子どもであるのだ」ということ（自己認識）を、確かなものにするのである。

　——今、このことをどのような育ちをするのかという観点から見ると——子どもは、「自分はルールを守らない（ズルをする）自分である」ということに気づくという育ちをする。「自分は、本来、ルールを守る（ズルをしない）自分である」と自己認識する、という育ちをする。確かなものにしようとして、白線からでてしまうことを抑制する、ルールを守る、という育ちをする。そして「自分は、やはり、本来、ルールを守る自分であるのだ」と改めて自己認識する、という育ちをする。

　相手が言ってくる、しゅんは、1人、座り込む。友達の遊ぶのを見て

いる。そのとき、しゅんが、内面で……気づき……しようとする……しようとする、そのことのもう1つは、別の相手が「ルールを守らない子どもはドッチボールできんよ」と言ってくる。そのとき、しゅんは、友だちとの遊びに入ることはせず、1人座り込み、友達の遊ぶの見ている、ということから推測されることである。

　相手が「ルールを守らない子どもは、ドッチボールできんよ」と言ってくる。つまり、「ルールを守らない子どもは、一緒に遊ぶことができないよ。」と言ってくる。——おそらく、しゅんは、別の相手がこのように言ってくることにより、その相手との遊びに入っていくことができなくなったのであろう——次の遊びに入ることはせず、1人、遊戯室の隅に座り込む。そして友だちの遊びをそこから見ている。

　しゅんは、このとき、寂しさを感じる。友だちと一緒に遊ぶことができず、ただ1人友達の遊びを見ていることが、いかに寂しいか、気づく。しゅんは、1人友だちの遊んでいるのを見て、寂しさを感じるとき、「1人で見ること（1人で見る自分）は嫌だ！友達と一緒に遊びたい（友達と一緒に遊ぶ自分になりたい）」と強く思う。

　しゅんは、一緒に遊ぶためには、どのようにかかわったらよいか、考えようとする。そのため、相手の気持ちを捉えようとする。「相手は、白線を越えて逃げること、ルールを守らないことを、受け入れることはできない。そこで、もう一緒に遊ばないと思うようになったのだ」と捉える。そこで、一緒に遊ぶためには、「白線を越えて逃げてしまうこと、ルールを守らないことをもうしない、言い換えれば、白線を越えて逃げてしまうことを抑制し、ルールを守る」ということを考え出す。このことを考え出すと、しゅんは、自分から実行に移そうとする。

　しゅんは、「突然立ち上がり、『よせて』と自分から入っていく」。再び遊びに参加したしゅんは、白線から出てしまいそうになると、出てしまうことを自分から抑制する。つまり、自分からルールを守る。

　しゅんがこのことをすると、友達は、「しゅんは、ルールを守った（子どもになった）」と認識する。そこで、一緒に遊ぼうとする。

そこで、しゅんは、友達と再び一緒に遊ぶことができる。しゅんは、「自分は、ルールを守った（自分になった）、そして、そのことによって、一緒に遊ぶことのできる自分になった」と自己認識する。しゅんがこのように自己認識するとき、強い喜びにつつまれる。

――このことを、育ちの観点から述べるならば――子どもは、1人友達の遊びを見ていると寂しいということに気づく、という育ちをする。「友達と一緒に遊びたい」と強く思うようになる、という育ちをする。どのようにかかわったらよいか考え、考え出す、という育ちをする。抑制する、ルールを守る、という育ちをする。「自分は、抑制しルールを守ることによって、一緒に遊ぶことができる自分になった」と自己認識する、という育ちをする。

第5節　ある子ども　5歳児クラス

ドッジボールといったルールのある遊びにおいて、5、6歳の、ルールを守らない子どもを観察すると、前節のしゅんのように、「白線を越えて逃げてはならない」というルールをはっきりと理解していない、そのため、そのことはルールを守っていないことと捉えずに、白線を越えて逃げてしまう、という子どももいる。

しかし、そうではなく、このルールをはっきりと理解しているのだが、それゆえ、白線を越えて逃げることはルールを守らないことであると捉えているのだが、負けたくないために白線を越えて逃げてしまう、という子どもも多い。

しゅんの場合には、相手が「しゅんは、ルールを守っていない」と言ってくることにより、「自分はルールを守っていなかった」と気づく、そして、「自分は本来ルールを守る自分であるのだ」と自己認識し、それを確かなものにしようとして、ルールを守ることをするようになる。だが、後者の子どもの場合には、白線を越えて逃げてしまうことはルールを守らないことであると捉えているのにもかかわらず、そのことをするので、相手が「○○君ははルールを守っていない」と言ってきたとし

ても、白線を越えて逃げてしまうこと、ルールを守らないことを続ける。やめることはない。

　本節では、この後者の子どもの場合を取り上げる。

　ただ、これまでは、ある子どもがある場面で〜しようとする、その姿を記録したものを○○の事例として取り上げ考察してきている。だが、筆者は、この後者の子どもの姿を記録したものを見出すことはできなかった。そこで本節では、筆者が次のように子どもとその場面を設定する。そして、それに基づいて、考察することにしたい。

　「５、６歳のある子どもが、ドッジボールの遊びに参加する。子どもは、ボールに当てられ負けたくないために、ボールから逃げようとする。逃げようとして、白線を越えて逃げてしまう。子どもは、「白線を越えて逃げてはならない」というルールをよく知っている。したがって、白線を越えて逃げることは、ルールを守らないことであることは、分かっている。分かっているのだが、負けたくないために、白線を越えて逃げてしまうのである。

　しかし、相手は、このことを受け入れることはできない。『○○君は、白線をはみ出して逃げている。ルール違反やで』と言う。

　だが、相手がこのように言ってきたとしても、子どもは、白線を越えて逃げてしまうということをやめない。遊びに熱中してくると、負けたくないという思いが強くなり、そのため、白線を越えて逃げてしまうのである。そこで、相手は、『○○君は、ルールを守っていない。ルールを守るよう言っても、白線を越えて逃げることをやめない。だから、もう一緒に遊ばない』と言う。

　相手がこのように言ってきたことにより、子どもは、友達との遊びに入れなくなる。友達が遊んでいる場から、１人離れて座り、友達の遊ぶのを見ている。しばらく見ていたが、突然、相手の遊んでいる所にかけより、『ルールを守るから、よせて』と言う。相手は『いいよ』と言う。子どもは、遊びに参加する。だが、ふたたび遊びに熱中してくると、白

線を越えて逃げてしまいたくなる。しかし、そのことを自分から抑制し
ようとする。抑制して、白線の内側にとどまろうとする。」

　子どもは、ドッジボールの遊びに参加している。子どもは、負けない
よう、ボールから逃げようとするのだが、その時、白線を越えて逃げて
しまうのである。

　だが、子どもの、この「白線を越えて逃げる」ということは、子ども
の負けたくないという欲求のみを満たす行動である。また、ルールを守
らない、という行動である。それゆえ、相手は受け入れることができな
い。してほしくないと思う。

　しかし、相手がこのように言ってきたとしても、この子どもの場合
は、白線を越えて逃げてしまうこと、ルールを守らないことを、やめる
ことはないだろう。というのは、子どもは、相手がこのように言ってく
る前から、自分が白線を越えて逃げてしまっていること、またルールを
守っていないことを分かっているからである。分かっているにもかかわ
らず、負けたくないために白線を越えて逃げてしまうことをしているか
らである。

　しかし、相手は、白線を越えて逃げてしまうこと、ルールを守らな
いことを、受け入れることはできない。言っても、逃げてしまうこと、
ルールを守らないことをやめないということは、さらに、受け入れるこ
とができない。そこで、「もう一緒に遊ばない」と言う。

　相手が、このように言ってくることにより、子どもは、友達との遊び
に入れなくなる。友達が遊んでいる場から離れ、１人座る。そしてそ
こから友達の遊んでいるを見ている。子どもは、この時、寂しさを感
じる。子どもは、１人友達の遊んでいるのを見て、寂しさを感じる時、
「１人で見ること（１人で見る自分）は嫌！友達と一緒に遊びたい（友
達と一緒に遊ぶ自分になりたい）！」と強く思う。

　子どもは、一緒に遊ぶためには、どのようにかかわったらよいか、考
えようとする。考えるために、相手の気持ちを捉えようとする。「相手

は、白線を越えて逃げること、ルールを守らないことを、受け入れることはできない。言ったのにもかかわらず、やめないことは、さらに受け入ることはできない。そこで、『もう一緒に遊びたくない』と思うようになったのだ」と捉える。そこで、一緒に遊ぶためには、「白線を越えて逃げてしまうこと、ルールを守らないことをもうしないということ、言い換えれば、白線を越えて逃げてしまうことを抑制する、ルールを守る」ということを考え出す。

　子どもは、考え出すと、実行に移そうとする。その時、子どもは、相手に、「もし遊びに入れてもらえるなら、白線を越えて逃げることはしない、抑制する。ルールを守る」ということを伝えようとするだろう。もちろん、こういうことをせず直接遊びに入っていくという場合もある。また、友達にこのことを伝えようとするが、友達が自分のいうことを聞いてくれない。そのため躊躇し、実際に伝えることができない、という子どもがいる。あるいは、どのようにいったらよいかよく分からない。そのため躊躇し、伝えることができない、という子どももいる。もし子どもが、自分自身の力によって、あるいは保育者の支えを受けて、実際に伝えることをするならば、その時には相手の負けたくないという欲求も共に満たされることになるので、相手は受け入れるだろう。子どもは再び遊びに参加し、一緒に遊ぼうとする。

　子どもは、一緒に遊ぼうとするさい、自分から、抑制しようとする。ルールを守ろうとする。しかし、いざ実際に遊び始めると、そう簡単にはいかない。熱中してくると、負けたくないという思いが強くなり、白線を越えて逃げてしまいたくなるのである。だが、子どもは、そのことをしてしまうと、相手が一緒に遊ばなくなる、ということを経験している。そこで、「そういうことをしてしまったら一緒に遊べなくなる。一緒に遊ぶためには、逃げてしまいたくなったとしても、抑制しなければならない」と思う。子どもは、「負けたくないために逃げてしまいたくなる」ということと「一緒に遊ぶためにはそのことを抑制しなければならない」という思いとの間を揺れ動く。揺れ動く中で、「一緒に遊ぶた

めには、逃げてしまいたくなることを抑制しなければならない」という思いが次第に強くなる。そして、ある時、逃げてしまいたくなることを抑制するのである。

　子どもが、このことをすると、相手は受け入れる。一緒に遊ぼうとする。子どもは一緒に遊ぶことができる。子どもは、この時、「自分は、抑制し、ルールを守った。一緒に遊ぶことができる自分になった」と自己認識する。このように自己認識する時、強い喜びにつつまれる。

　このように、「自分は抑制し、ルールを守った。一緒に遊ぶことができるようになった」と自己認識し、喜びを感じることによって、子どもが、次に同じような場面に入った時、「抑制したい、ルールを守りたい」と強く思うようになる。

　―このことを育ちの観点から述べるならば―子どもは、1人友達の遊びを見ていると寂しいということに気づく、という育ちをする。「友達と一緒に遊びたい」と強く思うようになる、という育ちをする。どのようにかかわったらよいか考え、考え出す、という育ちをする。相手に伝える、という育ちをする。抑制する、ルールを守る、という育ちをする。「自分は抑制しルールを守った。一緒に遊ぶことができる自分になった」と自己認識する、という育ちをする。

第6節　保育者は、こうしたけんかにどのようにかかわっていったらよいのか

1　保育者は、こうしたけんかにどのようにかかわっていったらよいのか

　では、保育者は、こうしたけんかにどのようにかかわっていったらよいのだろうか。

　筆者は、保育者は、まず、けんかに至るまでの子ども内面を深く理解することが大切であると考える。

　そして、子どもの内面を深く理解するためには、保育者は――保育者の立場から見るのではなく――子ども自身の立場に立ち、子どもがそこから世界を見るその子ども自身の視点に立って見ることが必要である。

　また筆者は、保育者は、子どもがけんかをしたそのあと、どのような

ことに気づき、どのようなことをしようとするのか、見通して捉えることが大切であると考える。

　保育者が、子どもがけんかをしたそのあとに、その内面でどのようなことに気づくのか、どのようなことをしようとするのか、見通して捉えるならば、子どものこのことは——本稿で事例として取り上げたツトムの場合をあげるならば——次のようなことであると分かる。すなわち、友達が積み木を使って自分の作りたいものを作っている。ツトムも、自分の作りたいものを作ろうとして、多くの積み木を集める。しかし、ツトムが多くの積み木を集めることは、友達が積み木を使おうとすることをできなくさせる。そこで、友達はツトムと一緒に遊ぼうとしなくなる。ツトムは、大きい基地を作り上げる。だが——友達が一緒に遊ぼうとしなくなったことにより——基地の上にポツンと1人座り、寂しさを感じる。ツトムは、「一緒に遊びたくない」という友達の気持ちに気づく。また、基地の上に1人座り寂しさを感じる時、「1人で遊ぶこと（1人で遊ぶ自分）は嫌！友達と一緒に遊びたい（友達と一緒に遊ぶ自分になりたい）！」と強く思う。ツトムは、その思いを実現しようとする。「自分だけでなく友達も積み木を使うというかかわり（関係）」を考え出し、実行に移す。そして、ツトムは、友達と一緒に遊ぶことができる自分になる。

　保育者が、子どもの気づく……しようとすることは、このようなことであると分かると、このことは子どもにとって大切である、と感じられる。このことは子どもにとって大切であると感じられると、保育者は、子どものこのことを大切にしたいと思うようになる。そして大切にする。

　筆者が保育者のかかわりとして考えているかかわりは、保育者のこうしたかかわりである。

　保育者のこうしたかかわりは、次のように言うことができる。

　人は、他者の内面の「気づく……しようとする」を理解すると、また、そのことが他者にとって大切であると感じられると、そのことを大切にしようとする、という普遍的な傾向性をもっている。これは、日本語で

「思いやり」と呼ばれているものである。ネル・ノディングズは、これを「ケアリング」と呼んでいる。[7]筆者は、また、これを「『愛する』というかかわり」と呼んでいる。[8]

そして、このときの大切にするかかわりは、子どもの気づき……しようとすることを——このことが子どもにとって大切であるという理由から——大切にするというものであるので、子ども中心的である、と言える。また、この大切にするかかわりは、保育者のかかわりに対する子どもからの見返りを求めないものであるので、無条件的である、と言える。

保育者が、子どもの内面の気づき……しようとすることが、子どもにとって大切であると感じ、子どものこのことを大切にしようとすることは、人が普遍的に行っていることを行うことである。

以下、本稿では、保育者のこうしたかかわりを、「子どもの気づき……しようとすることを、子どもにとって大切であると感じ、大切にするかかわり」と呼びたい。

以上、大切にするというかかわりについて述べてきた。だが、筆者は、保育者のかかわりとしては、もう1つ、次のようなかかわりがあると考える。

友達がそれぞれ積み木を使って自分の作りたいものを作っている。そんな中、子どもが、自分の作りたいものを作ろうとして、保育室の積み木の多くを集めている。保育者が、子どものこうした姿を見る。そのとき、保育者は、どうするだろうか。多くの保育者は、その子どもを「多くの積み木を集めるという良くないこと（望ましくないこと）をしている子ども」として捉え、そして、その子どもを「多くの積み木を集めるという良くないこと（望ましくないこと）をしない子ども」に育てたい、と思うのではないだろうか。そして、子どもをそういう子どもに育てるために、どのようにかかわっていったらよいか考え、例えば「多くの積み木を集めることはよくない（望ましくない）ので、やめなさい」といった言葉をかけるということを考え出し、そして、実際にそう言葉をかけ

ていくのではないだろうか。

　筆者が、保育者のもう1つのかかわりとして考えているかかわりは、こうしたかかわりである。

　上に、筆者は、「子どもが多くの積み木を集めている姿を見ると、多くの保育者は、『多くの積み木を集めている良くない（望ましくない）ことをしている子ども』として捉え、そして、その子どもを『多くの積み木を集めるという良くない（望ましくない）ことをしない子ども』に育てたい、と考えるのではないだろうか」と述べた。しかし、この述べ方は、精確ではない。より精確には、次のようになる。

　保育者は、保育者自身がこれまで育ってきた過程で、いろいろな、「これこれのことをすること（これこれのことをする子ども）が良い、あるいは悪い」「これこれのことをすること（これこれのことををする子ども）が望ましい、あるいは望ましくない」ということを身につけてきている。本稿では、この「これこれのことをすること（子ども）が良い、あるいは悪い（望ましい、望ましくない）」ということを、保育者が「あらかじめ持つ価値観」と呼んでおきたい。保育者が、子どもが多くの積み木を集めている姿を見る、その時、保育者の脳裏に、多くの積み木を集めていること関係したあらかじめの価値観、すなわち、「多くの積み木を集めること（子ども）は良くない（望ましくない）」、「多くの積み木を集めるという良くないことをしないこと（子ども）が良い（望ましい）」ということが浮かぶ。

　保育者は、子どもが多くの積み木を集めている姿を見る、そのとき、「多く積み木を集めることは良くない（望ましくない）」ということが浮かぶので、保育者は、このことから、多くの積み木を集めている子どもを、「多くの積み木を集めるという良くないこと、（望ましくないこと）をしている子ども」として、捉えるのである。

　多くの積み木を集めている子どもを、「多くの積み木を集めるという良くないことをしている子ども（望ましくない子ども）」として捉えるということは、その子どもを否定的に捉えることであると言えるが、こ

のことは、その子どもを、保育者があらかじめ持つ「多くの積み木を集める子どもは良くない（望ましくない）」ということから捉えることによるのである。

　また、保育者は、「多くの積み木を集めるという良くないことをしないこと（子ども）が良い（望ましい）」ということが浮かぶので、多くの積み木を集めている子どもを、保育者が望ましいと思う子ども、すなわち「多くの積み木を集めるという良くないことをしない子ども」に育てたい、と考えるのである。

　そして、保育者は、多くの積み木を集めるという良くないことをしている子どもを、保育者がもっている望ましい子ども、すなわち「多くの積み木を集めるという良くないことをしない子どもに育てたい」と考えると、子どもをそういう子どもに育てるために、どのようにかかわっていったらよいか考え、そして、例えば「多くの積み木を集めることは良くないからやめなさい」という言葉をかけるというかかわりを考え出し、実際に言葉をかけていくのである。

　本稿では、こうした保育者のもう１つのかかわりを「保育者があらかじめ持つ価値観から子どもを捉え、そしてその子どもを、保育者が望ましいと思う子どもに変えよう（育てよう）とする、かかわり」と呼びたい。

　こうした保育者のかかわりは、保育者が子どもを保育者が望ましいと思う子どもに変えたいと思い、その思いを実現しようとするかかわりであるので、保育者中心的である、と言える。ここでは、子どもは、保育者がその思いを実現する「素材」という位置に立つ。

　また、こうした保育者のかかわりは、保育者が子どもを保育者が望ましいと思う子どもに変えようと意図するものであるので、保育者がかかわることによって、子どもが保育者が望ましいと思う子どもに変わる、ということを求める。保育者の大切にするというかかわりは、見返りを求めない、無条件的なものであったが、このかかわりは、見返りを求め、それゆえ、無条件的なものではなく、条件的なものである、と言える。

　この保育者のかかわりは、見返りを求めるものであるので、もし子ど

もが保育者が望ましいと思う子どもに変わらなかったら、そのかかわり
を強める。今まで「多くの積み木を集めることは良くないからやめなさ
い」と言っていたのだが、その言い方を強め、より強く言う。しかし、
それでも子どもが変わらなかったら、さらにもっと強く言う。しかし、
それだけにはとどまらない。より強力な、愛情を与えない、罰を与える
というかかわりをしていくようになる。だが、保育者が、愛情を与えな
い、罰を与えるというかかわりをするようになるならば、どうであろう
か。そのとき、子どもは、たしかに、保育者が望ましいと思う子どもに
変わる。だが、その時、子どもは、愛情を得るために、あるいは罰を避
けるために、保育者が望ましいと思う子どもに変わるのである。

2　大切にするというかかわりをする2人の保育者

　子どものけんかに対する保育者のかかわりとして、大切にするという
かかわりについて、また、保育者が望ましいと思う子どもに変えようと
するかかわりについて、述べてきた。次に、子どものけんかに対して大
切にするというかかわりでかかわっている2人の保育者を取り上げたい。

　子どものけんかに対して大切にするというかかわりでかかわっている
保育者は多いが、本稿では、これまで取り上げている事例の中の、ツト
ムという子ども（3歳児クラス）にかかわっっいる保育者（以下、ツトム
の保育者と呼びたい）とあきという子ども（4歳児クラス、4月）にか
かわっている保育者（以下、あきの保育者と呼びたい）を取り上げる。

　ツトムの保育者も、あきの保育者も、大切にするというかかわりで実
際にかかわっている。それゆえ、最初から大切にするというかかわりを
考えているのだと思われるのだが、そうではない。最初は、変えようと
するかかわりを考える。だが、そのかかわりで実際にかかわっていくこ
とはせず、それとは別の、大切にするというかかわりを考える。そして
さらに、大切にするかかわりと変えようとするかかわりのどちらがより
大切か考え、大切にするかかわりがより大切であると捉える。このよう
に捉えることにより、大切にするかかわりでかかわっていくことを決

め、実際にかかわっていく。

　まず、ツトムの保育者を取り上げる。

（1）ツトムの保育者

　──本稿で取り上げた「ツトムの事例」において見ることができるように──ツトムの保育者は、ツトムの気づく……しようとすることを見通し、大切にするというかかわりというかかわりでかかわっている。しかし、最初からこのかかわりを考えていたわけではないようだ。

　ツトムの保育者には、ツトムが多くの積み木を集めている姿を見ると──保育者であればほぼすべての保育者がそうであると思われるのであるが──「多くの積み木を集めることは良くない（望ましくない）」ということが浮かぶ。このことから、多くの積み木を集めているツトムを、「多くの積み木を集めるという良くないことをする子ども」として捉える。

　また、ツトムの保育者には、ツトムが多くの積み木を集めている姿を見ると、「多くの積み木を集めるという良くないことをしない子どもが良い（望ましい）」ということが浮かぶ。そこで、多くの積み木を集めるという良くないことをしているツトムを、「多くの積み木を集めるという良くないことをしない子ども」に育てたい、と思う。

　ツトムをこういう子どもに育てたいと思うと、そのために、どのようにかかわっていったらよいか、考えようとする。いろいろなかかわりが考えられるが、例えば、「自分ばかり積み木を集めたら友達は使えなくなって困ってしまうよ」といった言葉をかける、というかかわりを考える。

　だが、ツトムの保育者は、その言葉を実際にかけていくことは、しない。ツトムが多くの積み木を集めたそのあとに、どのようなことに気づくのか、どのようなことをしようとするのか、見通そうとする。見通し、ツトムの気づき……しようとするを大切にする、というかかわりを考える。もちろん、大切にするためには、具体的にどのようにかかわっていったらよいのかは、子どもがそこでどのようなことに気づき、どのようなことをしようとするのかに応じて異なってくる。それゆえ、保育

者は、このことを捉え、具体的にどのようにかかわっていったらよいか考えなればならない。ツトムの保育者は、ツトムにおけるこのことを捉え、共感をもって見守るというかかわりをする。

　だが、ツトムの保育者は、その考えたかかわりですぐかかわっていくことは、しない。その前に、大切にするかかわりにおけるツトムの「気づき……しようとする」ことと変えようとするかかわりにおけるツトムの「気づき……しようとする」ことを比べ、どちらの「気づき……しようとする」が、ツトムにとってより大切であるか、考えようとする。

　後者の変えようとするかかわりにおける気づきは、保育者が、言葉で、友達の気持ちを伝えるということによる気づきである。それに対して、前者の大切にするというかかわりにおける気づきは、友達が一緒に遊ぼうとしなくなる、つまり、友達がその思いを身体を通して直接ぶつけてくることによる気づきである。友達が身体を通してぶつけてくることにより、ツトムは、一人で遊び、寂しさを感じる。1人で遊び、寂しさを感じる中で、身体を通して、友達の気持ちに気づいていく。保育者からの言葉による気づきに比べ、はるかに、身にしみて感じられる気づきである。

　また、前者のかかわりにおける気づきは、保育者が友達の気持ちを言葉で伝えることによる気づきである。こういう仕方で友達の気持ちに気づくことにより、ツトムが、次に、同じような場面に入ったとき、友達の気持ちも考えるようになり、それゆえ、多くの積み木を集めることをしなくなるかもしれない。しかし、これ以外のツトムの気づき……しようとすることには結びつかない。これに対して、前者のかかわりにおける気づきは、友達が一緒に遊ぼうとしなくなることにより、友達の気持ちに気づく、という気づきである。このような仕方で友達の気持ちに気づくことにより、ツトムが、やはり次に、同じような場面に入った時、はるかに友達の気持ちを考えるようになり、それゆえ、多くの積み木を集めることはもはやしなくなるだろう。だが、このようになるだけではない。友達が一緒に遊ぼうとしなくなることにより、ツトムは、1人で遊び、寂しさを感じる。1人で遊び、寂しさを感じることにより、「1

人で遊ぶこと（1人で遊ぶ自分）は嫌！友達と一緒に遊びたい（友達と一緒に遊ぶ自分になりたい）！」と強く思うようになる。ツトムは、この思いを実現しようとする。実現しようとして、どのようにかかわったらよいか考えようとして、改めて友達の気持ちを捉えようとする。つまり、考えるためには友達の気持ちを捉えなければならないという必要感から、友達の気持ちを捉え、友達の気持ちに気づく。そしてツトムは……友達と一緒に遊ぶことのできる自分になるのである。

　ツトムの保育者は、このように後者の変えようとするかかわりにおけるツトムの「気づき……しようとする」ことと前者の大切にするというかかわりにおける「気づき……しようとする」を比べる。このように比べると、前者のかかわりにおける「気づき……しようとする」が、ツトムにとってより大切であるということがわかる。そこで、ツトムの保育者は、後者のかかわりも大切であるが、より大切な「気づき・・しようとする」をもたらす前者のかかわりの方がより大切であると考える。ツトムの保育者は、次のように述べている。

　「どのクラスにも、からだが大きく強く友だちに働きかけていく子どもがいます。相手の気持ちも考えず自分の力のままに相手を動かしていってしまい、その事になんら疑問を持たずに過ごしてしまうようになったとしたら、その子どもにとっても、幸せな事ではありません。どこかに今までの状態ではおかしいと気づくように仕向けていくことは、大切（中略）であると思います。直接的に保育者が言葉かけをしていく場合ももちろん大切ですが、間接的に環境を作っていくような働きかけも重要です。その中で、子ども自身がからだを通して、必要感から気づいていくことが最も大切であると思われます（傍点は引用者）」[9]

　ツトムの保育者は、このように、後者のかかわりにおける気づき……しようとすることと前者のかかわりにおける気づき……しようとすることを比べ、どちらの気づき……しようとすることが、子どもにとってより大切であるか、という所まで踏み込んで前者のかかわりがより大切であると捉える。このように捉えることにより、前者のかかわりで実際に

かかわっていくことを決め、かかわっていく。保育者が前者のかかわりでかかわっていくことによって、ツトムは、次のように、すなわち、友達が一緒に遊ぼうとしなくなることにより友達の気持ちに気づく……友達と一緒に遊ぶ自分になろうとする……実現しようとし、そして……友達と一緒に遊ぶことができる自分になるのである。

（2）あきの保育者

　前章第4節で取り上げた「あき　4歳児クラス　4月」の事例に見ることができるように、あきの保育者も、あきの気づく……しようとすることを見通し、大切にするというかかわりをしている。しかし、あきの保育者も、最初からこのかかわりを考えていたわけではない。

　あきの保育者は、あきが他の子どもの使っている玩具を一方的に取るという姿を見るとそのとき——保育者であればどの保育者もそうであると思われるのであるが——「多くの積み木を集めることは良くない（望ましくない）」ということが浮かぶ。あきの保育者は、このことから、玩具を一方的に取るあきを、「玩具を一方的に取るという良くないことをする子ども」として捉える。

　また、あきが玩具を一方的に取る姿を見ると、「玩具を一方的に取るという良くないことをしない子どもが良い（望ましい）」ということが浮かぶ。そこで、玩具を一方的に取るという良くないことをしているあきを、「玩具を一方的に取るという良くないことをしない子ども」に育てたい、と思う。

　あきの保育者は、あきをこういう子どもに育てるためには、どのようにかかわっていったらよいか考えようとする。いろいろなかかわりが考えられるが、例えば「一方的に取ってしまうのは良くないからやめなさい。玩具を交換して遊びなさい」といった言葉をかける、というかかわりを考える。

　だが、あきの保育者も、その言葉をすぐかけていくことはしない。あきが玩具を一方的に取ることをしたそのあと、どのようなことに気づくのか、どのようなことをしようとするのか、見通そうとする。見通し、

あきの気づく……しようとするを大切にするかかわりを考える。

　また、あきの保育者は、あきの気づき……しようとすることを大切にするには、具体的にどのようにかかわっていったらよいか考え、共感をもって見守るというかかわりを考え出す。

　だが、あきの保育者も、その考え出したかかわりですぐかかわっていくことは、しない。

その前に、大切にするかかわりにおけるあきの「気づき……しようとする」ことと変えようとするかかわりにおけるあきの「気づき……しようとする」ことを比べ、どちらの「気づき……しようとする」ことが、あきにとってより大切であるか、考えようとする。

　後者のかかわり、すなわち、保育者が「一方的に取ることはよくない。交換して使わなければならない」という言葉をかけるというかかわりをするならば、その時、あきは、一方的に取ることはやめるだろう。そして、交換して使うかもしれない。だが、その時の一方的に取ることをやめることは──往々にして──保育者がやめなさいと言うからそれに従ってやめるというものになる。また、交換して使うということも、保育者がそう言うからそれに従ってするというものになる。それゆえ、あきが次に、同じような場面に入る時、もしそこで保育者が「一方的に取ることはよくない、交換して使いなさい」と言うことをしなければ、あきは、一方的に取ることをやめることはしないだろう。また交換して使うということもしないだろう。これに対して、後者のかかわりにおける気づきは、友達が一緒に遊ぼうとしなくなる、つまり、友達がその思いを身体を通して直接ぶつけてくることによる気づきである。友達がその思いをぶつけてくることによって、あきは、「あきが一方的に取ったので、もう一緒に遊びたくない」という友達の気持ちに気づく。このような仕方で友達の気持ちに気づくことより、次に、同じような場面に入ったとき、友達の気持ちを考えるようになり、一方的に取ってしまうことはもはやしなくなるだろう。しかし、このようになるだけではない。友達が一緒に遊ぼうとしなくなることにより、あきは、1人で遊び、寂し

さを感じる。あきは、「1人で遊ぶこと（遊ぶ自分）は嫌！友達と一緒に遊びたい（一緒に遊ぶ自分になりたい）！」と思う。あきは、その思いを実現しようとして、友達にどのようにかかわっていったらよいか考えようとする。考えようとして、友達の気持ちを捉え、友達の気持ちに改めて気づく。また、玩具を交換して使うというかかわり、つまり、自分の玩具を使いたいという思いと友達の玩具を使いたいという思いが両立するかかわり（関係）を考え出す。後者のかかわりの場合は、保育者が「交換して使いなさい」と言葉で言い、あきはそれに従って交換して使うことをした。しかし、前者のかかわりにおいては、あきは、友達と一緒に遊ぶために「交換して使う」というかかわりを考え出すのである。あきは、考え出すと、それを実行に移す。玩具を交換して使うという仕方で、あきは、友達と一緒に遊ぶことのできる自分になるのである。

　あきの保育者は、このように後者のかかわりにおけるあきの「気づき……しようとする」ことと前者のかかわりにおける「気づき……しようとする」を、比べる。このように比べると、前者のかかわりにおけるあきの「気づき……しようとする」ことの方が、あきにとって大切であることは明らかになる。そこで、あきの保育者は、より大切な「気づき‥しようとする」をもたらす前者のかかわりがより大切であると考える。あきの保育者は、この点を、次のいくつかの文章で、述べている。

　「『遊具をとりあげる』『自分だけで友だちや遊び場を独占してしまう』このようなあきの行動を表面的にみていくと、『わがまま』と捉えるかもしれない。『遊具を交換して遊ばなければいけない』（中略）と教師が先取りして、子どもの行動をよい行動に導くのはたやすい。しかし、私が大切にしたいことは子ども自身に気づかせること、すなわち、子ども自身が挫折や葛藤を乗り越えて、次の行動に移れるように見守ることが大切であると考えた（文中傍点は引用者）。」[10]

　「子どもが集団で遊ぶ中では、大なり小なりのいざこざはよく起こる。そんな時に教師は、子どもに行動の善悪をおしえなければ、規範意識を

育てなければと思ってしまう。私もそうすることが教師の役割であると思っていた。幼児のエピソード記録を取り、私は、『教師が安易に解決策を提案したり、仲間関係の調節を図ったりしてもそれでは、子どもの心に届かない』ということに気づいていった。事例11、17の事例に私は声をかけていない。見守っているだけであるが、それは、放任ではない。自分のしたことに向き合う時間を大切にしたかったのだ。保育実践記録を書き、何度も読み返すうちに、『自分の欲求を優先して行動すると、友だちが遊びをやめる、そうするとつまらなくなる。相手のことが気になる。相手の思いを探ろうとする。折り合いをつける、また思いをぶつける』というようなあきの心の揺れかよく分かった。そしてそれはあき特有の行動ではなく、3、4歳児の子どもたちの発達の姿であることも分かった。私は、あきに遊具を譲るよう指導するのではなく、心の葛藤を十分に経験させ、自分のしたことに向き合い、気持ちを整理するよう見守った。そうするなかで、あきは、『友だちと一緒に遊びたい』という友への関心が育ち、友と一緒に遊んで楽しい、という気持ちを感知するようになっていったと思う（文中傍点は引用者）」[11]

　あきの保育者は——ツトムの保育者もそうであったが——前者のかかわりにおけるあきの「気づき……しようとする」ことと後者のかかわりにおける「気づき……しようとする」を比べ、どちらの「気づき……しようとする」が子どもにとってより大切であるか考える、という所まで踏み込んで、前者のかかわりがより大切であると捉える。そして、このように捉えることにより、前者のかかわりでかかわっていくことを決めるのであるが、あきの保育者がこのようにする背景は何であろうか。あきの保育者は、最初、変えようとするかかわりを考えた。だが、そのあと、大切にするというかかわりを考えた。このように2つの異なるかかわりを考えたので、実際にどちらのかかわりでかかわったらよいか、決めなければならなくなったということがまず考えられる。しかし、これだけではないだろう。

　あきの保育者は、前者のかかわりがより大切であると直観的に捉えていたのではないだろうか。だが、前者のかかわりは、他の保育者があまり行っていないかかわりである。それに対して、後者のかかわりは、ほとんどの保育者が行っているかかわりである。またあきの保育者自身も——あきの保育者が述べている次の文章、すなわち、「子どもが集団で遊ぶ中では、大なり小なりのいざこざはよく起こる。そんな時に教師は、子どもに行動の善悪をおしえなければ、規範意識を育てなければと思ってしまう。私もそうすることが教師の役割であると思っていた」という文章から伺えるように——これまでに行ってきたかかわりである。そこで、あきの保育者は、前者のかかわりがより大切であると捉えるためには、誰でもが納得できる根拠（理由）を示して捉えることが必要であった。それゆえ、あきの保育者は、前者のかかわりがより大切であるという根拠となる所の「前者のかかわりにおける『気づき……しようとする』と後者のかかわりにおける『気づき……しようとする』を比べ、前者のかかわりにおける『気づき……しようとする』ことがより大切である」と捉える所まで踏み込んで、捉えることをしたのではないだろうか。

　あきの保育者が——ツトムの保育者もそうであるが——このように、その根拠にまで踏み込んで、前者のかかわりがより大切であると捉えたということは、注目に値すると思われる。

　あきの保育者は、このように、その根拠にまで踏み込んで前者のかかわりがより大切であると捉え、前者のかかわりでかかわっていく。あきの保育者が前者のかかわりでかかわっていくことにより、あきは次のように、すなわち、友達が一緒に遊ぼうとしなくなることにより友達の気持ちに気づく……友達と一緒に遊ぶ自分になろうとする……実現しようとし、そして……友達と一緒に遊ぶことができる自分になるのである。

3　保育者は、大切にするというかかわりをするとき、具体的にはどのようにかかわっていったらよいか

　さて、次に——上記のツトムの保育者、あきの保育者についての考察

を踏まえ——保育者は、大切にするというかかわりをするとき、具体的にはどのようにかかわっていったらよいのか、考察したい。

　そして、この考察にあたっては、前節の「ある子ども　5歳児クラス」の事例を取り上げる。この事例は、「ある子どもがドッチボールの遊びに参加している。その子どもは、ボールに当てられ負けたくないために、そのことはルールを守らないことであると分かっているのにもかかわらず、白線を越えて逃げてしまう……」という事例であるが、この事例の中のいくつかの場面において保育者はどのようにかかわっていったらよいか、考察したい。

（1）子どもが白線を越えて逃げてしまう（ルールを守らない）場面

　保育者が、子どもが白線を越えて逃げてしまう姿を見る、その時、どうするだろうか。すでに繰り返し述べているように、その瞬間に、「白線を越えて逃げてしまうこと（子ども）は良くない」ということが浮かぶ。そして、このことから——自分がこのようにしているとなんら意識することなく——その子どもを「白線を越えて逃げるという良くないことをしている子ども」として捉える。

　また、子どもが白線を越えて逃げてしまう姿を見ると、その瞬間に、「白線を越えて逃げてしまうという良くないことをしない子どもが良い（望ましい）」ということが浮かぶ。そして、このことから——自分がこのようにしているとなんら意識することなく——その子どもを「白線を越えて逃げてしまうという良くないことをしない子ども」に育てたい、と思う。

　そして、その子どもを「白線を越えて逃げてしまうという良くないことをしない子ども」に育てたいと思うと、その思いをすぐ実現しようとする。子どもをそういう子どもに育てるためににどのようにかかわっていったらよいか考え、考え出すと、やはり、すぐそれを実行に移そうとする。

　子どもが白線を越えて逃げてしまうという姿を見ると、多くの保育者

は——保育者であればどの保育者でも——このようにする。このとき、保育者は、——こういうかかわりをしようと意図して行うのでは全くないのだが——上述した2つのかかわりうちの後者、すなわち「変えようとするかかわり」を考え、また実際に行うのである。

　つまり、子どもが白線を越えて逃げてしまう姿を見ると、すべての保育者は——自分がこういうことをしているとは全く意識せずに——後者の「変えようとするかかわり」を考えてしまい、また実際に行ってしまうのである。

　だが、もし保育者が、ここで、変えようとするかかわりで実際にかかわっていくことはせず、子どもが白線を越えて逃げてしまったあとどのようなことをしようとするのか、見通そうとするならば、どうであろうか。見通そうとするならば、この子どもは、友達が一緒に遊ぼうとしなくなることにより友達の気持ちに気づく……友達と一緒に遊ぶ自分になろうとする……ということが分かる。保育者が子どもの気づき……しようとすることはこのようであると分かると、このことは子どもにとって大切であると感じられる。このことは子どもにとって大切であると感じられると、保育者は、子どものこのことを大切にしたいと思うようになり、大切にするかかわりでかかわっていくことになる。

　そして、もし保育者が、大切にするというかかわりで実際にかかわっていく前に、大切にするというかかわりにおける気づき……しようとすることと変えようとするかかわりにおける気づき……しようとすることを比べ、どちらの気づき……しようとすることが子どもにとって大切であるか捉えようとするならば、大切にするかかわりにおける気づき……しようとすることが子どもにとってより大切であるということが明らかになる。そこで保育者は、このことに基づいて、大切にするかかわりの方がより大切であると捉え、大切にするかかわりでかかわっていくことになる。

（2）子どもが、友達に「白線を越えて逃げることはしない、ルールを守る」ということを伝えようとする場面

　子どもは友達と一緒に遊びたいと思う。一緒に遊ぶため「（白線を越えて逃げてしまうことを）抑制する、ルールを守る」ということを考え出す。そして、友達に「もし遊びに入れてもらえるなら、白線を越えて逃げることはしない。ルールを守る」ということを伝えようとする。しかし、子どもがこのことをしようとするとき、友達がその話しを聞いてくれそうもない、そのため、躊躇し、伝えることができない、という子どもがいる。あるいは、どのような言い方をしたらよく分からない、そのため躊躇し、伝えることができない、という子どももいる。

　保育者は、子どもが友達に伝えようとすることは、子どもにとって大切であると感じ、大切にしようとする。そして、大切にするために、どのようにかかわっていったらよいか考える。友達に伝えようとするが伝えることができないという子どもの場合、なぜ伝えることができないのかその理由を捉えることが重要である。そのため、子どもを観察する。あるいは、子どもに話してもらう。その子どもの友達がよく命令する子どもであり、その子どもの伝えようとすることを聞いてくれそうもない、そのため躊躇し、伝えることができないと理解されるならば、保育者は、まず、その子どもの気持ちを理解し分かろうとする。保育者からその気持ちを分かってもらえると、こういう友達に対しても勇気をもって伝えようと思うようになる子どもは多い。また、もし保育者が一緒にいくことによって、伝えることができるようになるならば、保育者は、その子どもに連れ添うということをする。

　また、子どもが友達に伝えようとするとき、どのような言い方をしたらよく分からない、そのため躊躇してしまうのだと理解されるならば、まず保育者に話してもらうようにする。子どもが保育者に話すならば、どのように言ったらよいか分かってくる。また、そのとき、保育者が「こんなふうに言うこともできるよ」とアドバイスするならば、さらによく分かって、次には友達に伝えることができるようになる。

（3）子どもが揺れ動き、揺れ動きながら抑制していく場面

　子どもが友達に伝えることができると、子どもは再び友達と遊ぼうとする。子どもは、「抑制しよう。ルールを守ろう」と考え、再び遊びに参加するのだが、いざ実際に遊び始めると、少しずつ負けたくないという思いが強くなり、白線を越えて逃げてしまいたくなる。しかし子どもは、「そういうことをしてしまうと友達が一緒に遊ばなくなる」ということを経験している。それゆえ、「一緒に遊ぶためには、抑制しなければならない」と思う。子どもは、これら2つの思いの間を揺れ動く。揺れ動く中で、ある時、逃げてしまいたくなることを抑制する。

　子どもの多くは、保育者が気づかない所で、このことを行う。しかし、もし保育者が子どもの「負けたくないために逃げてしまいたくなる」という思いを理解し、「もし同じ立場に立ったとき自分も同じように思う」と共感するならば、どうであろうか。また、子どもの「揺れ動きながら、ある時、逃げてしまいたくなることを抑制しようとする」ということを理解し、「もし同じ立場に立ったとき自分も同じように思う」と共感するならば、どうであろうか。子どもはのこの時「自分は1人ではない」と感じる。子どもは、「自分は1人である」と感じるとき、孤独感、寂しさを感じる。孤独感、寂しさを感じ、往々にして、心がすさんでしまう。しかし、保育者が理解し共感する時、子どもは、孤独感、寂しさを感じることはない。また、心がすさぶということはない。

　また、保育者が理解し共感する時、子どもは、「自分の思い、揺れ動きは、保育者によって理解され、共にされている」と感じる。このとき、子どもは、「自分は、保育者によって理解され、共にされている」という喜びを感じる。子どもは、こういう喜びを感じる中で、揺れ動き、揺れ動きながら、ある時、抑制していく。

（4）子どもが抑制することができる場面

　子どもは、2つの思いの間を揺れ動きながら、ある時、抑制する。子どもが抑制することができたとき、「自分は抑制することができた。友

達と一緒に遊ぶことができた」と自分を認識し、喜びを感じる。「自分
は抑制することができた。友達と一緒に遊ぶことができた」と喜びを感
じることにより、次に、同じような場面に入ったとき、「自分は抑制し
たい、友達と一緒に遊びたい」とより強く思うようになる。

　子どもが、抑制することができた。そのとき、もし保育者が「○○は
抑制することができた。友達と一緒に遊ぶことができた」と共に喜ぶな
らば、どうであろうか。子どものその喜びは、保育者の喜びと共鳴し
合って、2倍、3倍にも感じられる。「自分は抑制することができた。
友達と一緒に遊ぶことができた」と喜びを感じることによって、次に同
じような場面に入ったとき、「抑制したい。友達と一緒に遊びたい」と
強く思うようになる。それゆえ、子どもが――保育者が共に喜ぶことに
よって――その喜びを2倍、3倍にも感じるとき、そのときには――次
に同じような場面に入った時――「抑制したい、友達と一緒に遊びたい」
とさらに強く思うようになる。

【註】

（1）鈴木政勝、小野美枝著「子どものけんかを通しての育ち」香川大学教育
　　　学部研究報告第Ⅰ部139号、2013年、56-57頁
（2）同上、57-58頁
（3）同上、58頁
（4）同上、61頁
（5）同上、60-61頁
（6）同上、61頁
（7）ネル・ノディングス著『ケアリング』晃洋書房、2000年、11-42頁
（8）鈴木政勝著「保育者の子どもへのかかわりについての一考察―子どもを愛
　　　するというかかわり―」香川大学教育学部研究報告第Ⅰ部第134号、13-14頁
（9）鈴木政勝、小野美枝「子どものけんかを通しての育ち」香川大学教育
　　　学部研究報告第Ⅰ部139号、2013年、45頁
（10）同上、81頁
（11）同上、82頁

第4章　子どもがあるものになってする遊び

第1節　子どもがあるものになってする遊び

　子どもは、何かある者（物）になって（なりきって）する遊びが大好きである。

　ある子どもは、1歳11ヶ月の時、お母さんになって、ぬいぐるみの犬を抱っこし、「ネンネンヤ」「ネンネンヤ」と言う。

　ある子どもは、2歳2ヶ月の時、書道を教えているおじいさんになって、字（書）をかく。

　ある子どもは、2歳2ヶ月の時、バスの車掌になって、「ハッチャー」と言う。

　もう30年前も前のことであるが、筆者は、次のような子どもに出会ったことがある。

　その子ども（当時約2歳半）は——母親と一緒に筆者の所にきていたのだが——筆者が母親と話している間、母親とは少し離れた所で、20、30分もの間、ほとんど動かないでじっとしていた。筆者には、何もしないでただ立っているだけに見えた。母親との話しが終わったので、そばによると、なんとその子どもは、当時放送されていた子ども用番組のヒーロー、アオレンジャーになっているのだった。手、足など身体はほとんど動かさない。ただ口の中で、つぶやくように、「○○をやっつけろ」「やっ」「やった」と言っている。

　その子どもの様子を改めて見ると、その子どもは、一部のすきもないといってよいほど、それほどアオレンジャーなりきっていた。また、その表情や身体全体は、大きな喜びにつつまれていた。筆者は、その子どもが、一部のすきもないといってよいほどアオレンジャーになりきっていることに、また喜びに満ちていることに、驚きの念を禁じえなかった。そして、同時に、その子どもは、この時、どのようなことを身につ

けるのだろう、と思った。

　本稿は、30年もの前の、その子どもと出会ったときの驚きと思いから出発している。子どもがあるものになってする遊びとは何か、そこで子どもはどのような喜びを感じるのか、またどのようなことを身につけるのか、ということを明らかにしたい。

第2節　子どもがあるものになってする遊び、とは何か

　では、子どもがあるものになってする遊びとは、何なのだろうか。

　次のような事例を取り上げ、考察してみよう。

昭和24年9月14日（1年7ヶ月）

　○　「ネンネ　ネンネ。」（→己・ぬいぐるみの犬）

　　おもちゃの犬をだいてこのように言う。[1]

昭和25年2月3日（1年11ヶ月）

　○　ニンギョ　ネンネン　ヤ。（→お人形）

　　午後、近くの小川のチイコちゃんのお人形をかりて、胸にだいて、このように言う。

　○　ニンギョ　アンヨ　ジョウズ。（→お人形）

同前。午後、近くの小川のチイコちゃんのお人形をかりてあそびながら、お人形を歩かせるまねをして、このように言う。[2]

同年2月14日（1年11ヶ月）

　○　ワンワン　ネンネ　シタ　ヨ。1　ワンワン　オッキ　シタ　ヨ。2　（→父）

　　朝、おもちゃの犬をおもちゃ箱の上に横（ネンネ）にして、1の文のように言い、ついで、おこし、父に見せて、2の文のように言う。[3]

同年5月11日（2年7ヶ月）

　○　ボク　ガ　ワンワン　ノ　オムツ　カエタ。1　（→母）

　　午前9:00前。母が、赤ちゃん（弟・照樹）のおむつをかえていると、

　　おもちゃの犬をだいてあそんでいて、母に、このように言う。(4)
　　昭和26年1月12日（2年11ヶ月）

　○　ワンワン　ガ　オッキ　シタ　ケン　オッパイ　ノンデ　ネンネ
　　　サシテ　ヤルン　ヨ。1（→母）
　○　ウンコ　デタカラ　オムツ　カエナ　イカン。2（→母）

　12：00すぎ。おもちゃの犬のそばにねて、お乳（オッパイ）をのませ
るまねをして、1の文のように母に言う。ついで、おもちゃの犬のおむ
つをかえるまねをして、ひとりごとのように2の文を言う。

　○　ワンワン　ボク　ガ　オッパイ　ノマスン　ヨ。1（→母）
　○　ソー。2（→母）
　○　ネンネン　ヤ　オコリ　ヤ。3　ネンネン　コロリカ　ヨイコ
　　　ジャ　ネ。4（→おもちゃの犬）
　○　モー　ネンネン　シタ。5　ネンネ　サスン　ヨ。6　ボク　ガ
　　　シズカ　ニ　シテイル　カラ　ネンネ　サスンヨ。7（→母）

　12：00すぎ。同前。おもちゃの犬をだいて、お乳をのませるまねをし
ながら、1の文のように母に言う。母は2の文のように言って、仕事を
している。犬をだいて、3・4のように子守唄を歌う。ついで5・6・
7の文のように母に言う。（後略）。(5)

　澄晴は、9月14日、1年7ヶ月の時、ぬいぐるみの犬を抱いて、「ネン
ネ　ネンネ」と言う。澄晴が、このようなことをするのは、初めてである。

　澄晴は、2月3日、1年11ヶ月の時、人形を抱いて、「ニンギョ　ネン
ネンヤ」と言う。また歩かせるまねをして「ニンギョ　アンヨ　ジョウズ」
と言う。2月14日には、おもちゃの犬を横にして「ワンワン　ネンネ
シタ　ヨ」と言い、起こして、「ワンワン　オッキ　シタ　ヨ」と言う。

　澄晴は、5月11日、2年7ヶ月の時、お母さんが赤ちゃんのおむつを
かえていると、お母さんの横に来て、ぬいぐるみの犬を横にしながら、
「ボク　ガ　ワンワン　ノ　オムツ　カエタ」と言う。これまで、ぬい
ぐるみの犬のおむつをかえることはしているが、このように、「ボクガ

ワンワン　ノ　オムツ　カエタ」と言うことは、初めてである。

　澄晴が、ここで言おうとしていることは、どのようなことか。お母さんは、今赤ちゃんのおむつをかえているが、自分は、ワンワン（ぬいぐるみの犬）のおむつをかえているのだ、と言うことである。澄晴がこのように言うことによって、澄晴がなぜおむつをかえるということするのか、また、なぜぬいぐるみの犬を相手におむつをかえるということをするのか、明らかになる。つまり、澄晴は、お母さんが赤ちゃんのおむつをかえているのを見て、自分もお母さんのする赤ちゃんのおむつをかえることをしたい、そこで赤ちゃんのおむつをかえようとする。しかし、実際の赤ちゃんに対しておむつをかえることはまだできない。そこで、澄晴は、ぬいぐるみの犬を見つけ、そのぬいぐるみの犬に対して、おむつをかえることをする。そして、澄晴は、「お母さんは赤ちゃんのおむつをかえているが、自分は、わんわん（ぬいぐるみの犬）のおむつをかえるのだ」ということを言おうとして「ボクガ　ワンワン　ノ　オムツ　カエタ」と言うのである。

　澄晴は、次の１月12日、２年７ヶ月の時、お母さんの前で、おもちゃの犬のおむつをかえる真似をして、「ウンコデタカラ　カムツ　カエナイカン」、「ワンワン　ボクガ　オッパイ　ノマスン　ヨ」と言う。澄晴がここで言おうとしていることは、どういうことか。お母さんは赤ちゃんに対しておむつをかえたり、お乳を飲ませたりしている、そのお母さんのしているおむつをかえたり、お乳を飲ませたりすることを、自分も（あるいは自分が）しているのだ、ということである。

　この澄晴の言葉から、なぜ澄晴がおむつをかえたりお乳を飲ませたりしようとするのか、また、なぜぬいぐるみの犬を相手にしておむつをかえたりお乳を飲ませたりしようとするのか、明らかになる。つまり、澄晴は、お母さんが赤ちゃんにおむつをかえたりお乳を飲ませたりしているのを見て、自分もしたいと思う。そこで、おむつをかえたりお乳を飲ませたりすることをしようとする。しかし、実際の赤ちゃんに対しておむつをかえたりお乳をあげることはできない。そこで、澄晴は、ぬいぐ

るみの犬を見つけ、そのぬいぐるみの犬に対して、おむつをかえる。お乳を飲ますことをする。そして、澄晴は、「お母さんは赤ちゃんのおむつをかえたりお乳を飲ませたりすることをしているのだが、自分も（自分は）ぬいぐるみの犬に対して、ほらこんなふうに、おむつをかえたりお乳を飲ませたりすることをしているのだ」ということを、言おうとして、「ワンワン　ボクガ　オッパイ　ノマスン　ヨ」と言うのである。

　このように、澄晴という子どものあるものになってする遊びを考察することによって、この、あるものになってする遊びとは何かが明らかになる。子どもは、自分にとって大切な人であるお母さん、お父さんのすることを見る。あるいは、自分にとって憧れの人であるお母さん、お父さん、おじいさん、おばあさん、バス（電車）の運転手や車掌、テレビアニメの主人公（月光仮面、アオレンジャー……）などのすることを見る。そのとき、その人のしていることを自分もしたいと思い、その人のしていることを自分も（あるいは自分が）しようとする。このことが、「子どものあるものになってする遊び」であるのである。

第３節　子どもがお母さん（など）のしているのを見て、自分もそれをしようとすることの、もう１つの姿

　だが、しかし、「子どもがお母さん（など）のしていることを見て、自分もそれをしようとする」ことは、ここで述べたことだけではない。これとは異なるもう一つの姿がある。それは、例えば、次のような子どもの姿に見ることができる。

　昭和24年６月７日（１年３ヶ月）
　○　オサカナノ　ハイキュウ。1　（→魚屋さん）
　○　タイ　タイ。2　（→己）
　魚屋さんが１の文のように言ってくると、すぐに２の文のように言いながら、台所へ行って、鉢をさがしはじめる。[(6)]
　同年９月９日（１年７ヶ月）

　めずらしく、うんこの１片を落としたので、母が大あわてに、新聞
紙の古いのをちぎってふく。それをまねて、窓の敷居や父の机の上
に、豆の皮と自分のつばきをいっしょにはきだし、それを忙しそう
に、新聞紙や布くずをひろって、ふき、それを窓から投げすてる。[7]

同年９月11日（１年７ヶ月）

○　キタナイナー。１　コレ　ミナサイ。２（父→）

　そら豆をお客さま（学生）の前でかみちらすので、父が１・２の
文のように言うと、すぐに台所の母のところにいき、ほうきをとれ
と言う。とってもらうと、自分でちりとりをとり、ひとりでとんと
んと父のところへ帰ってきて、はく。母が手伝ってやると、自分で
ちりとりを持って、捨てにいく。[8]

　６月７日（１年３ヶ月）の事例では、澄晴は、魚屋の「オサカナノ
ハイキュウ」と言うを聞いて、台所へ行って鉢を探すということをして
いる。前に、澄晴のお母さんが魚屋の「オサカナノハイキュウ」と言う
のを聞いて、魚を入れるための鉢を台所に取りに行くということをして
いた。それを見ていたのであろう。そして、自分もそれをしたいと思っ
たのであろう。澄晴は、魚屋の「オサカナノハイキュウ」と言うを聞い
て、魚を入れる実際の鉢を台所に取りに行く。

　次に、９月11日の事例では、澄晴はお客さんの前で、散らかしてしま
う。お父さんが「キタナイナー」と言ったのをきっかけに、お母さんに
実際のほうきを取ってもらい、そして、自分で実際のちりとりを取り、
それらを使って、散らかしたものを集め、捨てに行くということをして
いる。お母さんが、散らかったものを、ほうきやちりとりを使って、集め
捨てるということをしているのを見ているのだろう。そして自分もした
いと思っているのだろう。お母さんのすることをしようとして、お母さ
んになって、実際のほうきやちりとりを使って、散らかしたものを集
め、捨てに行くということをしている。

　子どもは、このように、お母さん（など）がしているのを見て、自分もしたいと思い、お母さん（など）になって、お母さん（など）のすることをしようとするのである。子どもがお母さん（など）になってお母さん（など）のすることをしようとする場合には——このあと詳しく述べるように——お母さん（など）がかかわっている実際の人・物にかかわることができないという場合も多い。だが、この場合はそうではない。子どもは、お母さん（など）のすることをしようとして、お母さんがかかわっている実際の人・物（例えば、実際の鉢、実際のほうきやちりとり）にかかわり、それらを使って、お母さん（など）のしていることを実際にすることができるのである。

　こうした姿が、「子どもがお母さん（など）のしているのを見る、自分もしたいと思い、お母さん（など）になってお母さん（など）のすることをしようとする」ことの、もう1つの姿である。

　しかし、子どもがお母さん（など）のしていることを見る、自分もしたいと思い、お母さん（など）のすることをしようとする、が、お母さんがかかわっている実際の人・物にかかわることが禁止されるということは多い。あるいは、禁止されないが、子どもが実際の人・物にかかわってみると、お母さんのすることをうまくすることができない、という場合も多い。

　例えば、お母さんが赤ちゃんのおむつをかえているのを見て、自分もしようとする。しかし、子どもは、実際のおむつをうまく使うことができない。実際のおむつを当てても、外にもれてしまう。そのとき、お母さんは、子どもが実際のおむつにかかわることを禁止するだろう。あるいはまた、お母さんが禁止しない場合であっても、子どもが実際におむつを使ってみる、そうすると、うまく使うことができないということが分かる、という場合もある。

　また、例えば、電車の車掌が「発車」と案内しているのを見て、自分もしたいと思う。だが、お母さんは、子どもが実際の乗客に向かって、「ハッチャー」と案内することは、許さないだろう。

　お母さん（など）になってお母さん（など）のすることをしようとする子どもは、このとき、どうするだろうか。もちろん、子どもの中には——お母さんがかかわる実際の人・物にかかわることが禁止されることにより——お母さんのすることをもうしようとしなくなる、という子どももいるだろう。あるいは、実際の人・物にかかわることはできたのだが、その人・物を使ってお母さんのすることをうまくすることができなかったので、お母さんのすることをもうしようとしなくなる、という子どももいるだろう。

　だが、どうなのだろうか。そうであっても（あるいは、それにもかかわらず）、子どもの多くは、お母さんになって、お母さんのすることをしようとするのではないだろうか。

　では、子どもは、そのとき、どのようにして、お母さん（など）になってお母さん（など）のすることをしようとするのだろうか。

　以下、2つの事例を取り上げ、それらに即して、子どもが、そこで、どのようにして、お母さん（など）になってお母さん（など）のすることをしようとするのか、考察したい。

1　子どもが、おじいさんになって、おじいさんがかく字をかくという　事例

　「5月、散歩の途中、竹やぶの中に地面から10センチぐらい芽を出していた細い竹の子を見つけたさなえ（2歳2ヶ月）は、『アッ』と歓声をあげ、さっそくそれを引き抜こうとしました。が、なかなか抜けません。（中略）。そこで先の尖った石を使って切り落としますと、彼女は大喜びでその細い竹の子を握り、先っぽの繊維のようなのものがしょぼしょぼと生えているところを、ペロッとなめて地面に何かを描こうとします。そして、それでは何も描けないとわかるとまたなめるので、私が『さなちゃん、なめてはきたない』とつい注意してしまうと、にこっと笑って今度は水たまりを見つけ、そこに竹の子の先（繊維）をつけて、石段に線のようなものを描きはじめました。今度は水がたっぷりついた

のでちゃんと描けるではありませんか！（中略）。乾いたコンクリートの石段に、なにやらしきりに描いては水をつけ、また描くという繰り返しを楽しんでいる彼女に『いい筆がみつかったね』と言うと『ふで、ふで』と何度もつぶやきながら描き続けました。」[9]

　「さなえの祖父は、書道教室を開いていました。そのおじいちゃんが机に向かって真剣に筆を動かしている姿や、小中学生を相手に書道を教えているおじいちゃんの様子を彼女はいつも『わたしもやってみたいな』という思いで見ていたのでしょう。現実には、彼女が近寄っていくだけで『さなえが来る所ではない』と拒まれていたので筆を手にすることなど到底できない状況でした。」[10]

　さなえは、散歩の途中、細い竹の子が筆に見えてくる。細い竹の子が筆に見えてきて、さなえは、「あっ」と歓声を上げる。保育者に取ってもらうとそれをペロッとなめ、地面に何かをかこうとする。だが、保育者は、それはきたないと注意する。と、今度は、水たまりの水が墨汁に見えてくる。そこで、その竹の子の先を水につけ、石段に字をかく。何度も水につけ、かくということを繰り返す。

　さなえが、このようなことをするその背景は、何だろうか。さなえのおじいさんは、書道教室を開き、書道を教えていた。さなえは、おじいさんが字をかく姿を見て、自分もかきたいと思っていた。そしてもしできるなら、おじいさんの使っている実際の筆や墨汁を使ってかきたいと思っていた。しかし、まだ２歳と字を習うにはまだ幼い。さなえが近寄っていくだけで、「さなえが来る所ではない」と拒まれていた。このようなことが背景となって、散歩の途中、おじいさんになり、竹の子が筆と見えてきて、また水たまりの水が墨汁と見えてきて、さらに地面や石段が紙や字をかく部屋に見えてきて、その筆や墨汁を使って字をかくということをするのである。

　ここでは、子どもがおじいさんになる、その時、同時に、竹の子が筆として見えてくる。また水たまりの水が墨汁として見えてくる。さらに

地面や石段が紙や部屋として見えてくるのであるが、この筆は、おじいさんが使っている実際の筆とは異なる。竹の子が筆として見えてきたそれである。また、墨汁も、おじいさんが使う実際の墨汁とは異なる。水が墨汁として見えてきたそれである。また、紙や部屋も、同じように、地面や石段が紙や部屋として見えてきたそれである。本稿では、こうした筆、墨汁、紙、部屋を虚の筆、虚の墨汁、虚の紙、虚の部屋と呼んでおきたい。

　筆者は、先に、子どもがお母さん（など）がしているのを見る。自分もしたいと思う。お母さん（など）になってお母さん（など）のすることをしようとする、が、実際の人・物にかかわることが禁止される、そういう場合であっても、子どもは、お母さん（など）になってお母さん（など）のすることをしようとする、と述べたが、この「そういう場合であっても、子どもは、お母さん（など）のすることをしようとする」こととは、このようなことである。すなわち、子どもが、おじいさんになって――実際の筆、実際の墨汁にかかわることが禁止されるので――竹の子を筆と見なし、また水を墨汁と見なし、さらに地面や石段を紙や部屋と見なし、つまり、虚の筆、虚の墨汁、虚の紙、虚の部屋を作り出し、その虚の筆、虚の墨汁を使って、おじいさんのかく字を実際にかくことをする、ということである。

　子どもは、そのとき、子どもがそれを使って字をかく筆が、竹の子を筆と見なした虚の筆であることを、また、子どもがそれを使って字をかく墨汁が、水を墨汁と見なした虚の墨汁であること、意識しているのであろうか。子どもを観察すると、子どもは、虚であることを意識している、と言える。例えば、子どもが、お母さんになって、泥や砂を丸めてお団子を作り、それを食べようとする。そのとき、子どもは――そのことに没入しているときであっても――お団子を口の中に入れてしまうということはない。子どもの中には、次のような子ども、すなわち、他の子どもが泥や砂を丸めてお団子を作り、それを食べようとする、それを見て、「それはうそのお団子だよ。食べてはいけない」と注意する子ど

ももいる。このように、子どもは、泥や砂で作ったお団子を、実際のお団子でない、虚のお団子であると意識している。子どもがそのように意識するのは、意識せずに虚のお団子を食べてしまうと、命の危険にさらされるからであろうか、子どもは、たとえ没入している時であっても、虚であることを意識しているのである。

　つまり、もう一度繰り返して言うと、子どもがお母さんのすることをしようとする。が、実際の人・物にかかわることができないという場合、虚の人・物を作り出すことによって、お母さん（など）のすることを実際にしようとするのであるが、この時、子どもは、同時に、それが虚であることを意識している。意識ながら、虚の人・物を作り出し、そしてその虚の人・物ににかかわって、お母さん（など）のすることを実際にしようとするのである。

　では、このことは、この子ども、さなえにとっては、どのようなことであるのだろうか。

　さなえにとって、このことは、おじいさんになって字をかこうとして、（1）そこから周りの人・物を見る、（2）おじいさんがかく字を実際にかこうとする、そして（3）そのとき、自分がおじいさんになっているということが意識される、ということである。

（1）さなえは、このとき、おじいさんになって字をかこうとして、そこから周りの人・物を見ることをしている。

　　このことについて、筆者は、これまで、「さなえは、おじいさんになって字をかこうとする、そのとき、竹の子が筆として見えてくる、水が墨汁として見えてくる……」といったように述べてきている。しかし──この捉えそれ自体が間違っているというわけではないのだが、──ここの所をより深く捉えようとするなら、次のようにいわなければならない。

　　さなえは、おじいさんになって字をかこうとして、周りの人・物に、関連する意味を付与する。すなわち、竹の子に、筆という意味を付与

し、水たまりの水に、墨汁という意味を付与し、地面や石段に、紙や部屋という意味を付与するのである、と。

　この、おじいさんになって字をかこうとして周りの人・物に意味を付与するということは、さなえがこのことをしようと意図して行うといったものではない。そうではなく、おじいさんになって字をかこうとするとき、そのとき既に意味を付与しているという仕方で行われる。

　おじいさんになって字をかこうとする。そのことにおいて、既に竹の子に筆という意味を付与するということによって、また、既に水に墨汁という意味を付与するということによって、さなえには、竹の子が筆として見えてくる。また水が墨汁として見えてくるのである。

　竹の子を筆として見る、水を墨汁として見るといったように、あるものを別のあるものとして見るということは、「見立て」と呼ばれる。さなえは、ここで、竹の子を筆として見立てている、水を墨汁として見立てている、と言える。だが、さなえは、ここで、意識して、あるいは意図して、竹の子を筆として見立てる、水を墨汁として見立てる、ということをしているのではない。そうではなく、おじいさんになって字をかこうとする、そのとき、既に竹の子に筆という意味を、水に墨汁という意味を付与する。竹の子に筆という意味を、水に墨汁という意味を付与することにおいて、竹の子が筆として見えてくるのである。また、水が墨汁として見えてくるのである。

　さなえは、普段は、自分自身の立場から、周りの人・物を見ている。それゆえ、おじいさんなって字をかこうとする、そのことにおいて、周りの人・物を見るということは、普段したことのない新しい見方をすることであり、また——新しい見方をすることにより——新しいことが見えてくる、ということである。

　さなえの事例を書いた今井和子氏は、散歩の途中で出会った竹の子が筆として見えてきた、そのときのさなえの様子を「『あっと』と歓声を上げ」たと述べている。このように、おじいさんになってそこから周り人・物を見るということは、さなえにとって、竹の子を筆とし

て見るという新しい見方をすることであり、また竹の子が筆として見えてくるといった新しいことが見えてくるということである。人は誰でも、これまでにない新しい見方をするときには、嬉しさを感じる。また新しいことが見えてくるときにも、嬉しさを感じる。それゆえ、さなえが、おじいさんになってそこから人・物を見るとき、喜びに包まれるだろう。子どもがお母さん（など）になってお母さん（など）のすることをしようとするとき感じる喜びには、いろいろな喜びがあると思われる。が、その中の1つは、この新しい見方をする喜び、新しいことが見えてくる喜びではないかと思われる。

　また、さなえは、おじいさんになって字をかこうとする、竹の子に筆という意味を付与する、水に墨汁という意味を付与する、付与することによって、竹の子が筆として見えてくる、水が墨汁として見えてくる、このことをすることにより、おじいさんの人・物への見方を身につける、と言うことができる。

（2）さなえは、おじいさんになって周りの人・物に意味を付与する、意味を付与することにより、竹の子が筆として見えてくると、また水が墨汁として見えてくると、その筆と墨汁を使って、字をかこうとする。1回かいて終わるのではない。「かいては水をつけ、またかく」ということを繰り返し、描き続ける。[11]

　さなえが、おじいさんがかく字をかくことは、憧れの対象であるおじいさんが字をかくのを見た、そのときからずっとかきたいと思っていたことである。それゆえ、さなえが、字をかくとき、またかくことができたとき、「おじいさんがかいている字をかいているのだ！またかくことができたのだ！」と大きな喜びに満たされる。[12]

　子どもがお母さん（など）になってお母さん（など）のすることをしようとするとき感じる喜び、その中の一つ、しかもその中核となる喜びが、この喜びであると思われる。

　また、さなえがおじいさんになって おじいさんのかく字をかくとき、字をかくという知識・技能を身につける、と言える。

　だが、ここでのさなえは、実際の筆、実際の墨汁ではない、虚の筆、虚の墨汁を使って、字をかくことをしている。それゆえ、さなえは、字をかくことにおいて、字をかく知識や技能を身につける、と言うことができるのだろうか。

　この点について、筆者は、次のように考える。

　さなえは、この時、たしかに、実際の筆ではなく、虚の筆を使って字をかくことをしている。しかし、虚の筆を使うからといって、字を実際にかけなくなるというのではない。さなえは、虚の筆、つまり竹の子を指に握り、指、腕、身体全体を使って、実際に字をかくことをする。

　また、さなえは、このとき、たしかに、実際の墨汁ではなく、虚の墨汁を使って字をかくことをしている。だが、虚の墨汁を使うからといって、字を実際にかけなくなるというのではない。竹の子の先に、虚の墨汁つまり水を含ませ、指、腕、身体全体を使って、実際に字をかくことをする。

　さなえは、このように、虚の筆（竹の子）を指で握り、また虚の筆（竹の子）の先に虚の墨汁（水）を含ませ、指、腕、身体全体を使って、実際に字をかくことをするのであるから——たしかに虚の筆、虚の墨汁を使うのであるが——おじいさんの字をかく知識・技能を身につける、と言える。

（3）さなえは、おじいさんになって、竹の子に筆という意味を付与し、水に墨汁という意味を付与する。付与することにおいて、竹の子が筆として見えてくる、水が墨汁として見えてくる、それらを使って おじいさんのかく字をかこうとする。この、竹の子が筆として（水が墨汁として）見えてくるとき、そしてそれらを使って字をかこうとするとき、さなえにとって、自分がおじいさんになっている、ということが見えてくる。あるいは、自分がおじいさんになっている、ということが意識される。

　人は誰でも、自分から脱けだし、誰かある他者と一体になるとき、

エクスタシー、つまり、恍惚感を感じる。さなえも、このとき、子どもである自分から脱けだし、おじいさんと一体になっている。あるいは おじいさんになりきっている。それゆえ、エクスタシー、一体になることの恍惚感を感じるのではないだろうか。子どもがお母さん（など）になってお母さん（など）のすることをしようとするとき、そのとき感じる喜びには、いろいろな喜びがあると思われるが、その1つは、この一体となる喜びではないだろうか。

　以上、子どもがお母さん（など）のしていることを見、自分もしたいと思う。しかし、実際の人・物にかかわることができない。そうであっても、子どもは、お母さん（など）になってお母さん（など）のすることをしようとする。こういう場合の事例としてさなえの事例を取り上げ、さなえが、おじいさんになってそこから周りの人・物を見、新しい見方をする（新しいことが見えてくる）喜びを感じる。おじいさんになって字をかくことにより「おじいさんがかいている字をかいている（かくことができた）」という喜びを感じる、おじいさんと一体になることの喜びを感じる、ということを述べた。

　しかし、このことは、これだけではない。次のように、すなわち、さなえがおじいさんになってそこから人・物を見ることによって、おじいさんが周りの人・物を見る見方を身につける、と捉えることができる。また、さなえが、おじいさんになって字を実際にかくことにより、おじいさんが字をかく知識・技能を見につける、と捉えることができる。

　ここでの、さなえは、意図して、おじいさんの持っている見方を身につけようとしているのではない。意図して、おじいさんの持っている知識・技能を身につけようとしているのではない。おじいさんが字をかいているの見て自分もかきたい思い、おじいさんになって字をかこうとしているのである。そして、おじいさんになってそこから人・物を見る喜び、字をかくことをができたという喜び、一体になる喜びを感じているのである。だが、まさにそこで——おじいさんになって人・物を見るこ

とによって、またおじいさんになって字をかくことによって——おじい
さんの持っている見方や知識・技能を身につけ、おじいさんのような人
へと自らを形成していくのである。

2　子どもが、バスの車掌になって案内をする、という事例

　次に、澄晴という子どもがバス（電車）の車掌になり、乗客に案内を
するという事例を取り上げる。

昭和25年５月10日（２年３ヶ月）
　○ボク　ガ　ハッチャー　ユー　ヨ。１　ハッチャー。２（→母）
　○コレデ　イー？３（→母）
　○イーヨ。４（母→）
　○コレデ　イー　ヨー　ネ。５（→母）
　午前8:20ころ。三輪車にのっていて、１・２の文のように、発車（ハッ
チャー）を言い、ついで、三輪車にのったままの姿勢で３の文のように
きく。母が４の文のように言うと、すぐに、５の文のように言う。[13]

　ここで、澄晴は、バス（電車）の車掌になって、乗客にバスが発車す
ることを案内しようとして、「ハッチャー」と言うことをしている。澄
晴が、車掌になって、乗客に案内をする最初の事例である。

　澄晴が、このようなことをする背景としては、次のこと、すなわち、
澄晴が、お母さんに連れられバスや電車に乗ったとき、車掌が「発車」
と案内した、そのことを見て、自分もしたいと思った、ということがあ
げられる。

　澄晴が車掌になって車掌のすることをする方法としては、既に述べた
ように、２つある。１つは、澄晴が、車掌になって、車掌がかかわる実
際のバス（電車）や実際の乗客にかかわって「ハッチャー」と案内する
という方法である。しかし、この時まだ２歳３ヶ月の子どもである澄晴
が、実際のバス（電車）や実際の乗客にかかわることは、とうていでき

ることではない。そこで、澄晴は、車掌になって車掌のすることをしようとして、三輪車をバスと見なし、またお母さんを乗客と見なし、つまり、虚のバス、虚の乗客を作り出し、その虚の乗客に対して「ハッチャー」と案内することをするのである。

　では、このことは、この子ども、澄晴にとって、どのようなことであろうか。

　澄晴にとって、このことは、車掌になって案内しようとして、（1）そこから周りの人・物を見る、（2）実際に「ハッチャー」と言う。そして（3）そのとき、自分が車掌になっているということが意識される、ということである。

（1）澄晴は、このとき、車掌になって案内しようとして、周りの人・物に関連する意味を付与する。三輪車に電車という意味を付与し、お母さんに乗客という意味を付与する。意味を付与することによって、澄晴には、三輪車が電車として見えてくる。また、お母さんが乗客として見えてくる。

　澄晴は、普段は、自分自身の立場から、周りの人・物を見ている。それゆえ、車掌になって案内しようとして、そこから周りの人・物を見るということは、三輪車をバスとして見るという新しい見方をすることであり、また、三輪車がバスとして見えてくるといった新しいことが見えてくるということである。それゆえ、澄晴が車掌になってそこから人・物をみるとき、新しい見方をする（新しいことが見えてくる）という喜びに満たされる。

　また澄晴は、車掌になって案内しようとする、三輪車にバスという意味を付与する、お母さんに乗客という意味を付与する、付与することによって、三輪車がバスとして見えてくる。お母さんが乗客として見えてくる。これらのことをすることにより、車掌の人・物への見方を身につける、と言うことができる。

（2）澄晴は、車掌になって、周りの人・物に意味を付与することにより、

三輪車が電車として見えてくると、またお母さんが乗客として見えてくると、その乗客にかかわって「ハッチャー」と案内することをする。

この乗客にかかわって「ハッチャー」と案内することは、憧れの対象である車掌が発車の案内をするのを見た、そのときからしたいと思っていたことである。それゆえ、澄晴が車掌になって「ハッチャー」と言っているとき、また言うことができたとき、「『ハッチャー』と言っているのだ！『ハッチャー』ということができたのだ！」と大きな喜びにつつまれる。

また、澄晴が車掌になって実際に「ハッチャー」と言うとき、「ハッチャー」と言うことによって、車掌の案内する知識・技能を身につける、と言える。

（3）澄晴が車掌になって、三輪車にバスという意味を付与する、お母さんに乗客という意味を付与する。付与することにおいて、三輪車がバスとして見えてくる、お母さんが乗客として見えてくる。その乗客にかかわって、車掌のする案内を実際にしようとする。この、三輪車がバスとして（お母さんが乗客として）見えてくるとき、そしてそれらにかかわって「ハッチャー」と案内しようとするとき、澄晴自身に、自分が車掌になっていることが、見えてくる。あるいは意識される。

人は、誰でも、自分から脱けだし誰かある他者と一体になるとき、エクスタシー、つまり、恍惚感を感じる。澄晴も、このとき、子どもである自分から脱けだし、車掌と一体になっている。それゆえ、エクスタシー、一体となったときに感じるあの喜びを、感じるのではないだろうか。

以上、子どもがお母さん（など）のしていることを見、自分もしたいと思う。しかし、実際の人・物にかかわることができない。そうであっても、子どもは、お母さん（など）になってお母さん（など）のすることをしようとする。こういう場合のもう1つの事例として澄晴の事例を取り上げ、澄晴が、車掌になってそこから周りの人・物を見、新しい見方をする（新

しいことが見えてくる）喜びを感じる、車掌になって「ハッチャー」と言うことにより「『ハッチャー』と言うことができた」という喜びを感じる、車掌と一体になることの喜びを感じる、ということを述べた。

　しかし、このことは、これだけではない。次のように、すなわち、澄晴が車掌になってそこから人・物を見ることによって、車掌が周りの人・物を見る見方を身につける、と捉えることができる。また、澄晴が、車掌になって「ハッチャー」と言うことにより、車掌が案内する知識・技能を見につける、と捉えることができる。

　ここでの、澄晴は、意図して、車掌の持っている見方を身につけようとしているのではない。また、意図して、車掌の持っている知識・技能を身につけようとしているのではない。車掌が案内しているのを見て自分もしたい思い、車掌になって「ハッチャー」と言おうとしているのである。そして、車掌になってそこから人・物を見る喜び、「ハッチャー」と言うことができたという喜び、一体になる喜びを感じているのである。だが、まさにそこで――車掌になって人・物を見ることによって、また「ハッチャー」と言うことによって――車掌の持っている見方や知識・技能を身につけ、車掌のような人へと自らを形成していくのである。

　さて、以上、澄晴の5月10日の、車掌になって「ハッチャー」という事例――これは澄晴が車掌になって「ハッチャー」と言う最初の事例である――をあげ、そこにおいて、澄晴はどのような喜びを感じるのか、また、どのようなことを身につけるのか、ということについて、述べてきた。

　では、澄晴は、この5月10日の車掌になって「ハッチャー」と言うことをした、そのあと、どのようなことをするのだろうか。

昭和25年5月12日（2年3ヶ月）

　　○　ハッチャー　イッタ　ヨ。オジチャン　ガ。（→父）

　　　　午前7：40ころ。近くバス停留所で、車掌の言う「発車（ハッチャ）」の声がきこえてくると、とすぐ父に言う。[14]

同日（2年3ヶ月）

　　○　キップ　カッテ　ナイ　ヨ。1　（→父）
　　○　キップ　モッテ　ナ　コナキャ　ノレナイ　ヨ。2　（父→）
　　○　ウン。3　（→父）
　　○　カーチャン　キップ　チョウダイ。4　（→母）
　　○　ハッチャー。5　（→父）

　　　午前9：30ころ。父がよこになっていると、父をバスにしてのろ
　　うとして、1の文のように言う。それで2の文のように言うと、母
　　に4の文のように言って、キップをもらい、それをもって、父の上
　　にあがって発車と言う。父のバスは発車する。[15]

同19日（2年3ヶ月）

　　○　バイシンジー。1　オーリ　ノ　カタ　オワチュ。2　バイチン
　　　ジ　ネー　チュー。3　（→父）。
　　○　ツギワ　バイシンジー　オーリノ　オカタワ　オワスレモノナキ
　　　ヨー　ゴチュゥイ　ネガイマス。4　（父→）

　　　午前6：53。父の背中にのって肩車にのりながら、梅津寺（バイ
　　シンジ）駅にかかる時、高浜線の電車の車掌さんが言うことばを
　　言ってくれと言う。（中略）。[16]

同26日（2年3ヶ月）

　　○　オーリ　ノ　カタワ　オワチュレモノ　ナキヨー　ネガイマ
　　　チュ。（→母・己）

　　　午前9：10ころ。バスの車掌になってひとりでバスごっこをして
　　いる時、この文のように言う（後略）。[17]

　澄晴は、5月10日には、車掌の「発車」と案内するのを見て、車掌に
なって「ハッチャー」と言ってみることをした。

　澄晴が、車掌になって「ハッチャー」と実際に言ってみたことにより、
つまり、言葉と行動に表現してみたということにより──澄晴にとって
──「車掌になって『ハッチャー』と言うことをした」ということが明

確に意識され、捉えられる。澄晴は、このことをしたことにより、では
実際の車掌ははたして「ハッチャー」と言うことをしているのだろうか。
また、「ハッチャー」以外にどのような案内をしているだろうか、気に
なってくる。

　そこで、澄晴は、実際の車掌がどのような案内をしているのか、捉え
ようとする。

　5月12日の朝。たまたま近くのバス停から、車掌が「発車（ハッ
シャ）」と言うのが聞こえてくる。澄晴は、実際の車掌が「発車（ハッ
シャ）」と言っているのかどうか捉えようとしていたので、車掌の「発
車（ハッシャ）」と言うことをすばやく捉える。この車掌が「発車（ハッ
シャ）」と言ったということは、澄晴が5月10日に車掌になって言った
ことが間違いではなかったということを裏付けるものである。澄晴は、
「ハッチャー」と言ったことが間違いではなかったと確認でき、嬉し
かったのだろう。すぐ父に「ハッチャー　イッタヨ。オジチャン　ガ」
と伝えることをしている。

　澄晴は、「ハッチャー」と言うことが間違いではなかったと確かめ
ることができた。澄晴は、車掌が発車と言うことを見、車掌になって
「ハッチャー」と言うことをしている。そこで、澄晴は、早くも、その
2時間後に、車掌になって「ハッチャー」と言うことをする。

　また、澄晴は、5月19日、お父さんに肩車をされて梅津寺駅に入ると
き、実際の車掌がどのような案内をしようとするのか、捉えようとす
る。もちろん、このとき、実際の車掌が実際に案内するのを聞くことを
すればよいのだろうが──待つことができなかったのだろう──お父さ
んに、車掌はどのような案内をするのか聞く。お父さんは、「ツギワ
バイシンジー　オーリノ　オカタワ　オワスレモノナキヨー　ゴチュゥ
イ　ネガイマス」と言うのだと言う。澄晴は、実際の車掌がどのような
案内をするのか捉えようとして、実際の車掌が、このように「ツギワ
バイシンジー　オーリノ　オカタワ　オワスレモノナキヨー　ゴチュゥ
イ　ネガイマス」と案内することもするのだと捉える。澄晴は、これま

でに捉えていなかった案内を捉える。そこで、早速、5月26日——1人でバスこっこをするとき——「オーリ　ノ　カタワ　オワチュレモノ　ナキヨー　ネガイマチュ」と案内することをする。澄晴は、まだ、お父さんのように、言葉の1つ1つをはっきりと言うことはできないのだが、それでも、車掌になって「オーリ　ノ　カタワ　オワチュレモノ　ナキヨー　ネガイマチュ」と言うのである。

　澄晴が、5月10日、車掌になって「ハッチャー」と言うことをする、そのあと、澄晴は、どのようなことをするのか、考察してきた。澄晴は、5月10日に、車掌になって「ハッチャー」と言ってみることをした。車掌になって実際に言ってみることにより、澄晴に、「車掌になって『ハッチャー』と言うことをしたのだ」と意識され、捉えられる。そこで、澄晴は、実際の車掌は「ハッチャー」と言うことをしているのか、またどのような案内をしているのか、捉えようとする。5月12日には、実際の車掌が「発車」と言っているのを捉え、そしてその2時間後には、車掌になって「ハッチャー」と言うことをする。また、5月19日には——父に聞くことを通して——「ハッチャー」と言うだけではなく、「ツギワ　バイシンジー　オーリノ　オカタワ　オワスレモノナキヨー　ゴチュゥイ　ネガイマス」と案内することを捉え、5月26日、車掌になって「オーリ　ノ　カタワ　オワチュレモノ　ナキヨー　ネガイマチュ」と案内することをする。

　5月26日の、車掌になって「オーリ　ノ　カタワ　オワチュレモノ　ナキヨー　ネガイマチュ」と案内する場合においては、澄晴は、（1）車掌になってそこから周り人・物を見る喜びを感じる、（2）車掌の言う「『オーリ　ノ　カタワ　オワチュレモノ　ナキヨー　ネガイマチュ』と言うことができる」という喜びを感じる、（3）車掌と一体になることの喜びを感じる、と言える。
　また、ここで、澄晴は、車掌になって周りの人・物を見ることによっ

て、車掌の見方を身につける、と言える。また車掌になって「オーリノ　カタワ……」と案内することによって、車掌の案内する知識・技能を身につける、と言える。

　そして、この場合の、車掌の見方を身につけるということは、澄晴が５月10日に車掌になって「ハッチャー」と言うことをする→実際の車掌がどのような案内をするか捉えようとして「オーリノカタワ……」と案内することを捉える→ふたたび車掌になってそこから周りの人・物を見るということをすることにより──５月10日の場合と比べて──より深いものの見方を見につけるのだ、と言えるだろう。

　また、この場合の、車掌の案内する知識・技能を見につけるということも、澄晴が、５月10日に車掌になって「ハッチャー」と言うことをする→実際の車掌がどのような案内をするか捉えようとして「オーリノカタワ……」と案内することを捉える→そこで、車掌になり──「ハッチャー」と言うだけではなく──「オーリノ　カタワ　オワチュレモノ　ナキヨー　ネガイマチュ」と案内することにより──５月10日の場合に比べて──より広い、案内する知識・技能を身につけるのだ、と言えるだろう。

　そして、車掌の見方をより深く身につける、また車掌の知識・技能をより広く身につけるという点において、より、車掌のような人へと、自らを形成していくのだ、と捉えることができる。

【註】

（1）野地潤家著『幼児期の言語生活の実態Ⅰ』文化評論出版、昭和52年、181頁
（2）同上、328頁
（3）同上、340頁
（4）野地潤家著『幼児期の言語生活の実態Ⅱ』文化評論出版、昭和48年、174頁
（5）同上、979頁
（6）野地潤家著『幼児期の言語生活の実態Ⅰ』文化評論出版、昭和52年、106頁
（7）同上、174頁
（8）同上、176頁

（9）今井和子著『なぜごっこ遊び』フレーベル館、1992年、51-52頁

（10）同上、52頁

（11）同上、52頁

（12）さなえがおじいさんになって字をかく時、またかくことができた時、「おじいさんのかいている字をかいたのだ！かくことができのだ！」と自分を認識し、喜びにつつまれる、と述べたが、このことに関連して、次のことを述べておきたい。

　　——上にあげたさなえは、２歳３ヶ月の子どもであるので、あてはまらないのであるが——子どもは、２歳６ヶ月〜３歳ぐらいになると、「自分は、（前は）小さかったが、（今は）大きくなった（大きい自分になった）」と自分を認識するようになる（鈴木政勝著『子どもは自ら成長しようとする』美巧社、2008年、30-55頁）。子どもがこのように自分を認識するようになると、例えば字をかいているおじいさんを見て、そのおじいさんを、「字をかくことのできない自分とは違う、字をかくことのできる大きいおじいさん」として認識するようになる。

　子どもは、そういうおじいさんに憧れ、おじいさんのかいている字をかきたいと思う。そこで、おじいさんになって、字をかこうとする。そのとき、子どもは「自分は——今の子どもである自分ではない——字をかくことのできる大きいおじいさんになっている」と意識しつつ、字をかくのである。

　「自分は、（前は）小さかったが、（今は）大きくなった（大きい自分になった）」と自己認識するようになった子どもは、このように、自分の周りのお母さん、お父さん、おじいさん、おばあさん、運転手や車掌、テレビ番組の主人公などを「子どもである自分とは違う、〜することができるより大きいお母さん（お父さん……）」として捉え、それゆえ、お母さん（など）になってお母さん（など）のすることをしようとするときには、「自分は——今の子どもである自分ではない——〜することのできるより大きなお母さんになっている」と意識しつつ、お母さん（など）のすることをしようとするのである。

（13）野地潤家著『幼児期の言語生活の実態Ⅱ』文化評論出版、昭和48年、169頁

（14）同上、177頁

（15）同上、181頁

（16）同上、220頁

（17）同上、256頁

著者略歴

鈴木　政勝（すずき・まさかつ）

1948年　生まれ

1978年　京都大学大学院博士課程単位取得退学

1990年　九州大谷短期大学教授

1999年　香川大学教育学部教授

2013年　香川大学教育学部定年退職

著書・論文

『道徳教育の諸問題』（稲葉宏雄編、福村出版、1979）

『未来を拓く人間と道徳』（竹内義彰編、昭和堂、1985）

『教育方法学の再構築』（稲葉宏雄編、あゆみ出版、1995）

『子どもの遊びと保育者の援助』（葦書房、1998）

『いきづまり打開と保育者の成長』（美巧社、2008）

『子どもは自ら成長しようとする』（美巧社、2008）

『続　子どもは自ら成長しようとする』（美巧社、2013）

など。

続　子どもは自ら成長しようとする

2013年 3月10日　初版
2020年 9月10日　再版

編著者　鈴木　政勝

発行所　株式会社　美巧社
〒760-0063　香川県高松市多賀町1−8−10
TEL 087-833-5811　FAX 087-835-7570

ISBN978-4-86387-131-1　C1037